S. FISCHER

Vitali Alekseenok

Die weißen Tage von Minsk

Unser Traum von einem freien Belarus

S. FISCHER

MIX
Papier aus verantwor-
tungsvollen Quellen
FSC® C083411

Originalausgabe
Erschienen bei S. FISCHER
© 2021 S. Fischer Verlag GmbH, Hedderichstr. 114,
D-60596 Frankfurt am Main

Der Text von Valzhyna Mort erschien
erstmals auf www.versopolis.com unter dem
Titel »A Place Far Away From You«.
© Versopolis Review
Fotos: privat
Gesamtherstellung: CPI books GmbH, Leck
Printed in Germany
ISBN 978-3-10-397098-2

An all die erwachten Menschen,
für die die Suche nach Wahrheit und Freiheit
wichtiger ist als Bequemlichkeit und Angst.

Editorische Notiz zu hier verwendeten Schreibweisen

Im vorliegenden Buch folgen wir der Belarusisch-Deutschen Geschichts-kommission, die den Gebrauch der Begriffe Belarus und belarusisch (statt Weißrussland und belarussisch) empfiehlt. Unsere Schreibweise von Na-men und Orten entspricht der belarusischen Transkriptionsform Lacinka, nach den überarbeiteten Regeln der Belarusischen Akademie der Wissen-schaften aus dem Jahr 2007. Diese weicht von der Umschrift des Russischen ab, die bislang überwiegend in Deutschland verwendet wird. Da Bela-rus aber kein Teil Russlands, sondern ein souveräner Staat ist, haben wir uns bewusst für diese Schreibweise entschieden.

Namen der russischen oder russisch-sowjetischen Kultur, die in diesem Buch vorkommen (z. B. Pjotr Tschaikowski oder Alexander Solschenizyn), werden in der etablierten deutschen Transkription geschrieben.

Inhalt

Ein für euch fernes Land

von Valzhyna Mort

Osteuropa. Belarus. Ein für euch fernes Land, so viel ist sicher. Ihr hört von schrecklichen Dingen, die unschuldigen Menschen dort geschehen. Aber in fernen Ländern geschehen unschuldigen Menschen doch andauernd schreckliche Dinge. In der Tat zeigt sich der Abstand zwischen eurem europäischen Ich und einem Land wie Belarus exakt in dem Ausmaß an Gewalt, dem unschuldige Menschen dort ausgesetzt sind. Je größer die Gewalt, desto ferner das Land.

Ja, europäische Politiker_innen treffen sich aktiv mit Sviatlana Cichanoŭskaja; ja, sie verschärfen die Sanktionen gegen unsere illegale Regierung. Bleibt zu hoffen, dass sich auch in den europäischen Köpfen eine tiefgreifende Veränderung vollzieht: eine Veränderung in der Art und Weise, wie Europäer_innen sich selbst im Verhältnis zum belarusischen Volk sehen.

In Belarus ziehen die Menschen Parallelen zwischen ihrer Alltagsrealität und den Schrecken des Stalinismus von 1937 und den Schrecken des Faschismus von 1941; das aktuelle Niveau von Zensur und Fehlinformation erinnert an den sowjetischen Umgang mit Tschernobyl. Durch die Folterung und Ermordung friedlicher, wehrloser Menschen wurden alte Wunden aufgerissen. Diese Geschichte ist die Geschichte Europas, und sie *ist* noch nicht Geschichte: Keine ihrer Vorgehensweisen hat sich mit der Zeit in Luft aufgelöst, keine ihrer Vorgehensweisen ist von den Geschichtsbüchern ein für allemal gezähmt worden.

Wenn ihr eure Kinder über den Faschismus in Europa aufklärt, über den Stalinismus und die Schoah, wenn ihr ihnen von dem Massaker in Srebrenica erzählt, dann denkt stets daran, dass solche Schrecken heute hier bei uns geschehen – mitnichten weit entfernt, mitnichten außerhalb Europas. Wenn eure Kinder euch fragen, wie solch ein entsetzliches Unrecht geschehen konnte, und ihr sie ins Bett bringt, auf die Stirn küsst und sagt: »Keine Sorge, mein Engel, so etwas wird nie wieder passieren«, dann denkt daran, dass ihr lügt. Das ist ja gerade, wie Unrecht geschieht, und zwar hier, mitten auf dem europäischen Kontinent: Es geschieht, während die Leute so tun, als würde nichts geschehen.

Am 9. August, der Nacht der Präsidentschaftswahlen in Belarus, warteten viele Leute vor den Wahllokalen, um die Ergebnisse aushängen zu sehen. Die meisten Wahllokale befinden sich in öffentlichen Schulen, gleich um die Ecke im eigenen Viertel, mit spielenden Kindern auf Spielplätzen in der Nähe. Die meisten Leute kennen die Lehrer_innen, die die abgegebenen Stimmen zählen; Geschichts- und Mathematiklehrer_innen schreiben gemeinsam Geschichte, sorgen dafür, dass jede Stimme zählt. Einige Lehrer_innen wurden im ganzen Land bekannt, als die Aufnahmen ihrer Trockenübungen für das Auszählen der Stimmzettel vor der Wahl online gestellt wurden. »Wir kennen die Zahlen schon«, sagt eine Stimme in einer dieser Aufnahmen, »also merke sie dir gut, aber deiner Familie sag nichts, sei gewarnt.« Manchmal geben Lehrer_innen anderen Lehrer_innen Hausaufgaben auf.

In den Wahllokalen, in denen die Wahlhelfer_innen die wahren Ergebnisse bekannt gaben, brach Jubel aus. Die Leute skandierten »Danke!« durch die Tür, Lehrer_innen hoben die Hände zum Victory-Zeichen. Die Verhaftungen begannen unvermittelt. Im Handumdrehen wurden Menschen, die vor den Schulen ihrer Kinder warteten, direkt unterhalb ihrer Wohnungsfenster in Polizeiwagen verfrachtet. Kinder rannten schreiend davon, ihre Fahrräder mit sich schleifend. Es gab keine Wahlergebnisse. Stattdessen brachten Polizisten die Wahlhelfer_innen fort: einige in Sicherheit, andere ins Gefängnis. Es ist die Geschichte der Gegenwart, die sich mitten in Europa abspielt.

In jener Nacht gingen Menschen friedlich und würdevoll auf die Straße. Sie wollten mit ihrem Marsch ein Zeichen setzen, für jedermann sichtbar, Einigkeit demonstrieren. Die Polizei warf Blendgranaten in die Menge aus jungen Familien, die Luftballons trugen; das Blitzen der Explosionen lockte diejenigen, die in ihren Wohnungen geblieben waren, an die Fenster. Leute rannten durch die Straßen und schrien: »Sie bringen uns um!« Gummigeschosse trafen nicht nur die Menschen in den Straßen, sondern auch Frauen auf ihren Balkonen, und schlafende Kinder in den Wohnungen. In den darauffolgenden Wochen würden ausländische Journalist_innen ausgewiesen werden und alle unabhängigen Medien ihren Pressestatus verlieren. In den folgenden drei Monaten würden fast 30 000 Menschen inhaftiert werden, weil sie ein bestimmtes Lied sangen, einen weiß-rot-weißen Regenschirm trugen oder mit den Fingern ein Victory-Zeichen formten. Dies ist die Geschichte der Gegenwart, die sich mitten auf dem europäischen Kontinent abspielt.

Vier Tage nach der Wahl, am 13. August, berichtete Amnesty International über um sich greifende Folterungen an friedlich Protestierenden. Protestierende: ein irreführender Begriff. Als unlängst eine inhaftierte 65-jährige Frau gefragt wurde, warum sie protestiert hatte, entgegnete sie: »Protestiert? Ein Protest ist eine organisierte Veranstaltung mit Ansprachen und Proklamationen. Ich bin mit einer Freundin durch meine Stadt spaziert. Als wir einen Mann sahen, der eine Ladung Tränengas in die Augen bekommen hatte, blieben wir stehen, um ihm zu helfen. Dabei wurden wir verhaftet.«

In keinem dieser Fälle von brutaler Polizeigewalt wurde ein Ermittlungsverfahren eingeleitet. Diagnosen wie »Schädel-Hirn-Trauma« sind alltäglich geworden. Ärzt_innen, bereits vom

Kampf gegen Covid-19 überfordert, appellierten an die Regierung, der Gewalt Einhalt zu gebieten. »Es sind Verletzungen wie zu Kriegszeiten«, sagten die Ärzt_innen. Sofort wurden die lautesten unter ihnen entweder gefeuert oder verhaftet. Ihre Kolleg_innen gingen während der Mittagspausen in ihren weißen Kitteln nach draußen, um ihre Solidarität zu bekunden. Über fünfzig Ärzt_innen wurden wegen dieser »regierungsfeindlichen« Aktivität mindestens einmal in Haft genommen, wodurch Hunderte Patient_innen unversorgt blieben.

Fabrikarbeiter_innen traten in den Streik. In einem Interview sagte ein Mann in seiner Fabrikuniform: »Wie könnten wir arbeiten, während unsere medizinischen Fachkräfte und unsere Kulturschaffenden für uns im Gefängnis leiden?« In der Staatsoper standen die Musiker_innen auf: »Wie können wir spielen, während unser Volk geschlagen wird?« Tags darauf wurden weitere Entlassungen bekanntgegeben: der führende Vokalist, die erste Geige, der Orchesterleiter; eine beeindruckende Verbrecherliste. Die Präsident_innen der Universitäten wurden ersetzt. Professor_innen wurden im Beisein ihrer Student_innen, Student_innen im Beisein ihrer Professor_innen festgenommen. Der Besitzer einer Kunstgalerie wurde in Haft genommen, desgleichen der Fernsehmoderator einer beliebten Kindersendung – der belarusische Mr. Rogers. Eine Schönheitskönigin – Miss Belarus 2008 – wurde inhaftiert. Eine ganze Band wurde inhaftiert, nachdem sie ein Nachbarschaftskonzert gegeben hatte. Dichter_innen wurden nach ihren Lesungen festgenommen. Olympiateilnehmer_innen wurden verhaftet. Der Besitzer eines Blumenladens wurde verhaftet und geschlagen, weil er an Passant_innen Blumen verteilt hatte. Ein Architekt, der in ganz Minsk tätig gewesen war, wollte vor dem Denkmal eines Mannes, der von Polizisten in Zivil getötet worden war, weil er die weiß-rot-weißen Bänder in seinem Hof verteidigt hatte, eine Rose ablegen und wurde verhaftet. Seine Frau fand ihn im Krankenhaus wieder, in einem Rollstuhl sitzend, blutüberströmt und außerstande zu sprechen. Wann immer sie versuchte, ihn zu berühren, schüttelte er nur den Kopf. Schädel-Hirn-Trauma, eine Diagnose, die dieser Tage in Belarus genauso häufig gestellt wird wie Covid-19.

Die Bandbreite der staatlichen Gewalt reicht von chaotischem Sadismus bis hin zu zielgerichteten Inhaftierungen. Niemand ist mehr sicher, nirgendwo. Die Polizei kann jederzeit deine Wohnungstür aufbrechen; um jemanden bei sich zu Hause festzunehmen, ist keine richterliche Anordnung vonnöten. Die Gesamtausgabe einer Zeitung wurde in der Druckerei von Polizisten in Zivil beschlagnahmt, die keinerlei Dokumente vorweisen mussten. Dies ist die Geschichte der Gegenwart, die sich gerade auf dem europäischen Kontinent abspielt.

»Ich gewöhne mich langsam an die Vorstellung, dass Gewalt gegen mich eine unausweichliche Tatsache ist«, sagt meine starke, schöne Freundin. »Wozu tauge ich denn, wenn ich mich nicht opfere? Am schwierigsten zu akzeptieren ist die Tatsache, dass deinem Opfer keine Belohnung folgen kann. Dass es nur eine Geste ist, die keinerlei Veränderung herbeiführt.«

Am 15. November, nachdem die Polizei drei Blendgranaten in eine Gruppe von Trauernden geworfen hatte, suchten zweihundert Menschen Zuflucht im Wohnblock um die Ecke. Sie lagen fünfzehn Stunden mit dem Gesicht nach unten auf dem Boden, während Polizeikräfte alles durchkämmten, um nach ihnen zu suchen. Fremde öffneten Fremden die Tür, nahmen sie auf eigene Gefahr bei sich auf, so wie ihre Großeltern im Zweiten Weltkrieg Juden bei sich aufgenommen hatten. Eine Person erzählte: »Wir verbrachten viele Stunden im Dunkeln, flach auf dem Boden. Wir krochen zum Badezimmer, spülten aber nicht, weil das Geräusch der Polizei verraten hätte, dass jemand in der Wohnung war. Wir konnten den Kühlschrank nicht öffnen, weil das Licht unsere Gegenwart verraten hätte.« Die Leute baten ausländische Diplomat_innen um einen humanitären Korridor, der es ihnen erlauben würde, unversehrt da rauszukommen. Aber im

Augenblick können nur die Belarus_innen den Belarus_innen helfen. Die Pflicht der anderen besteht darin, die Geschehnisse als das zu betrachten, was sie sind: europäische Geschichte der Gegenwart. Schaut nach Belarus, wendet den Blick nicht ab.

In den darauffolgenden Tagen wurden in dem Mietshaus, in dem Fremde Fremde vor der Gewalt bewahrt hatten, Heizung und Wasser abgestellt. In Belarus gibt es keine Fremden mehr. Alle sind durch Terror und Solidarität miteinander verbunden. Wasserkrüge und Heizstrahler wurden im Hof des Gebäudes abgestellt. Die Polizei ging daran, Autos anzuhalten und nachzusehen, ob sie Wasser transportierten. »Eine Blockade«, nannten die Leute das Vorgehen treffend. Es ist die Geschichte der Gegenwart, die sich mitten auf dem europäischen Kontinent ereignet.

Was nun? Viele haben Angst. Wer einmal die geprügelten Körper seiner Landsleute gesehen hat, für den ist nichts mehr, wie es war. Wer einmal die Fotos von Körpern gesehen hat, die von Hämatomen kobaltblau verfärbt sind, für den gibt es keine Fremden mehr. Wer einmal die verzerrten Gesichter der Inhaftierten gesehen hat; wer einmal die Inhaftierten mit Rücken zur Wand aufgestellt sah, die Hände über dem Kopf, für den ist niemand mehr weit fort. Nach dem, was seit August hier geschieht, sollte Belarus für niemanden in Europa ein fernes Land sein. Dies ist die Geschichte der Gegenwart, die sich mitten auf dem europäischen Kontinent ereignet.

Ja, nichts ist mehr, wie es war. Auch belarusische Freude ist seit August in Belarus zu beobachten. Es gibt sie noch in Belarus, die Freude. Die handgestrickten weiß-rot-weißen Fahnen in runzeligen Händen sind belarusische Freude. Staatliches Philharmonie-Orchester singen im Regen für die streikenden Arbeiter_innen ist belarusische Freude. Das Dutzend Paar Laufschuhe vor der Tür einer Wohnung, die Fremden offenstand, ist belarusische Freude. Belarusische Solidarität ist belarusische Freude. Autoschlangen vor den Gefängnissen, um Leute abzuholen, die aus der Haft entlassen wurden, sind stolze belarusische Freude. Blumen sind belarusische Freude. Alte Leute, die skandieren »Wir lieben unsere Student_innen!« sind belarusische Freude. Belarusische Freude findet mitten auf dem europäischen Kontinent statt. Freut ihr euch mit uns? Leidet ihr mit uns?

Aus dem Englischen von Irmengard Gabler

Fern der Heimat

Der 19. Juni 2020 war zunächst ein ganz normaler Freitag und ich erreichte am Abend mit dem Zug den Münchner Hauptbahnhof, um am nächsten Tag gemeinsam mit meinem Orchester unsere bevorstehenden Proben zu beginnen. Doch nachdem ich den Zug verlassen und meinen Blick auf das Display meines Handys gerichtet hatte, blieb ich wie hypnotisiert bis weit nach Mitternacht auf dem Bürgersteig inmitten von München stehen und verfolgte die Livestreams. Mein Koffer stand wie ein stummer Begleiter neben mir, und wahrscheinlich wäre es mir nicht aufgefallen, wenn ihn jemand mitgenommen hätte. Meine Unterkunft, die nur wenige Stationen entfernt liegt, fühlte sich für mich unerreichbar an.

Ich lebte bereits seit einigen Jahren in Deutschland, als die politischen Ereignisse in meinem Heimatland die Aufmerksamkeit der internationalen Presse erreichten. In den Monaten vor jenem Abend verfolgte ich die zahlreichen Meldungen mit großem Interesse. Jedoch begleitete mich immer auch das Gefühl einer gewissen Distanz, die vielleicht daher rührte, dass ich Belarus verlassen hatte, um in einem anderen Land zu leben. Doch die Gewaltausschreitungen bei den Protesten an jenem Juniabend in Minsk trafen mich mit voller Wucht und ließen mich von zahlreichen Gefühlen zerrissen zurück – ich schwankte zwischen Wut, Entrüstung und Hilflosigkeit. Der unablässige Strom an Informationen, die die Livestreams der Sozialen Medien auf mein Handy sendeten, ließ mich nicht mehr los, und ich saugte alles in mich auf. Die maßlose Ungerechtigkeit und skrupellose

Gesetzlosigkeit erschütterten mich, und ich bedauerte es mehr als alles andere, an diesem Abend nicht in Minsk sein zu können, um für Gerechtigkeit eintreten zu können. Verzweifelt zerbrach ich mir den Kopf darüber, was ich in Deutschland unternehmen kann, um den Mitmenschen in meiner Heimat helfen zu können.

Erst als der Protestabend in Minsk langsam ein Ende fand und die Nachrichten auf meinem Handy weniger wurden, griff ich nach meinem Koffer und erreichte wenige Zeit später erschöpft und aufgewühlt meine Unterkunft.

In den folgenden Tagen begann ich damit, nach Wegen zu suchen, wie ich etwas unternehmen könnte. Eins stand für mich fest – tatenlos in meiner Wohnung sitzen konnte ich nicht.

Ich lebte bereits seit vier Jahren in Deutschland, kannte hier jedoch nur wenige Menschen aus meinem Heimatland. Belarus_innen hatten in Deutschland keine organisierte Diaspora, sie bevorzugten es in der Regel, sich schnellstmöglich in das neue System der Gesellschaft zu integrieren, in der sie lebten. Nach einer langen Recherche im Internet stieß ich auf eine Facebook-Gruppe von Belarus_innen in Deutschland. Es war leider eine mehr oder weniger inaktive Gruppe. In den letzten Beiträgen wurde sich über Fragen bezüglich Visa oder der Suche nach einer Wohnung ausgetauscht. Auf meine Frage nach regionalen Chats erhielt ich ein paar Einladungslinks zu Gruppen auf Telegram – dem wegen seiner angeblichen Sicherheit beliebtesten Messenger in Belarus.

Während ich in München nach dem besagten Abend das ganze Wochenende mit meinem Orchester arbeitete und im Internet nach Kontakten zu in Deutschland lebenden Belarus_innen suchte, organisierten in Berlin zahlreiche Belarus_innen ihre allererste Demonstration. Diese öffentliche Reaktion auf die unfassbare Gewalt in unserem Heimatland fand unmittelbar neben der belarusischen Botschaft am Treptower Park statt. Der Ort wurde gewählt, um den Mitarbeiter_innen der Botschaft deutlich zu zeigen, was die Belarus_innen in Deutschland über die Situation in ihrem Land denken.

Wenige Tage nach der ersten Demonstration musste ich für ein Musikprojekt nach Potsdam reisen. Noch in München versuchte ich über den Berliner Chat auf Telegram zu erfahren, ob für die folgenden Tage weitere Veranstaltungen geplant seien. Dabei erfuhr ich, dass tatsächlich eine weitere Demo für Samstag, den 27. Juni 2020, geplant sei. Sie sollte um 12 Uhr beginnen und wieder neben dem Botschaftsgebäude stattfinden. Ich fragte vorsichtig nach dem Grund, warum die Demo wieder dort stattfinden sollte und auch die Wahl der Uhrzeit leuchtete mir nicht ein. Aus eigener Erfahrung wusste ich, dass die Mitarbeiter_innen von Botschaften und Konsulaten oftmals sehr kompetente und hochgebildete Menschen sind, die die ihnen vorliegenden Situationen aus verschiedenen Perspektiven betrachten und häufig sogar auf der Seite der friedlichen Zivilbevölkerung stehen. Warum also sollte die Demonstration vor möglichen Mitstreitern stattfinden?

Aus meinen Argumenten entstand im Chat schnell eine lebhafte Diskussion, in der mir die meisten Teilnehmer_innen zustimmten. Der Zuspruch der Belarus_innen aus Berlin kam für mich unerwartet, da ich zuvor befürchtete, dass sie Gegenargumente eines bis dahin Unbeteiligten aus einer anderen Stadt abwehren würden. Doch nach einigen Stunden des Austauschs wurde ich von ihnen damit beauftragt, eine Demonstration mit einem neuen Konzept für den 27. Juni zu organisieren.

Und so fing es für mich an …

In der folgenden Woche schlief ich insgesamt nur vier bis fünf Stunden und konzentrierte mich vollkommen auf diese neue Aufgabe. Im Kopf hatte ich immer den Gedanken, dass mir wenige Tage bleiben, um etwas auf die Beine stellen und bewegen zu können. Im Chat lernte ich zum Glück ein paar aktive

Menschen kennen, mit denen ich mich über ihre Erfahrungen austauschen konnte und die mir bei meiner Vorbereitung eine große Hilfe waren.

Im Rückblick kann ich sagen, dass die Form der Vorbereitung im Grunde der meiner Konzertorganisationen ähnelte. Nur die Inhalte haben sich stark verändert: Statt mit Konzertveranstaltern telefonierte ich nun mit der Polizei und der Presse, statt Musikstücke besprachen wir Texte für die Protestplakate und den Inhalt für unsere Reden. Genauso wie bei den Konzertveranstaltungen mussten wir auch für unsere Demonstration unter den Pandemiebedingungen strikte Hygienekonzepte entwickeln, die jedoch den Ausdruck unserer Botschaft nicht mindern sollten – im übertragenen Sinn wollten wir zusammenstehen und uns für eine gemeinsame Sache einsetzen.

Die Demonstration am 27. Juni fand auf der Bernauer Straße, neben der Gedenkstätte Berliner Mauer statt. Wir wählten absichtlich diesen Ort aus, denn wir wollten der Öffentlichkeit zeigen, dass es bei der belarusischen Realität durchaus Parallelen zu der jüngsten deutsch-deutschen Geschichte und dem Kampf um Freiheit, gegen Unterdrückung und Gewalt gibt. Die Bernauer Straße war ein Ort, an dem eine ganze Reihe von Fluchten und Fluchtversuchen nach Westberlin stattfanden – dieser Ort passte meiner Meinung nach besser zu unserer Demonstration als die Straße vor der Botschaft. Hinzu kam, dass wir uns entlang der Mauer mit dem vorgegebenen Mindestabstand aufstellen konnten.

Da ich bislang keine Erfahrungen in der Organisation von Demos hatte und zuvor an noch keiner teilgenommen hatte, war ich am Morgen des 27. Juni unvorstellbar aufgeregt. In einem autokratischen Land wie Belarus gab es kaum Möglichkeiten, solche Veranstaltungen offiziell zu organisieren. Die Möglichkeiten der deutschen Demokratie – das Recht auf freie Meinungsäußerung durch Kundgebungen, nach welchen man nicht von der Polizei festgenommen und ins Gefängnis eingesperrt wird – waren nicht nur mir, sondern vielen von uns vollkommen neu.

Wir erwarteten ungefähr siebzig bis achtzig Personen, denn so viele hatten sich im Vorfeld auf unsere Nachrichten zurückgemeldet. Am Ende waren wir überwältigt – unsere kurze Vorbereitungszeit hatte rund hundertachtzig Menschen dazu bewogen, mit uns in der Bernauer Straße zu demonstrieren. Sie kamen mit selbstgemachten Plakaten und Symbolen und stellten sich sehr diszipliniert in einer Reihe auf, die über 300 Meter lang wurde. Auch einige Bundestagsabgeordnete waren dabei. Im Vergleich zu den Demonstrationen, die in Minsk und andernorts noch folgen sollten, war diese hier vielleicht klein – aber für uns war es ein wichtiger erster Schritt.

An diesem Tag habe ich meine erste politische Rede gehalten, was ich mir wenige Tage zuvor noch gar nicht zugetraut hätte. Während ich vor den Menschen in der Bernauer Straße sprach, dachte ich daran, dass ich noch nie so viele Belarus_innen im Ausland an einem Ort zusammen gesehen habe. Sie waren plötzlich da, um die Solidarität mit ihren Mitmenschen in Belarus auszudrücken. Dieser Zusammenhalt bewegt mich noch heute sehr.

In den nächsten eineinhalb Monaten habe ich mich komplett auf die Arbeit für Belarus konzentriert. Ich war beinahe froh darüber, dass mir durch die Auflagen bezüglich der Corona-Pandemie fast alle musikalischen Projekte abgesagt worden waren – sonst hätte ich nicht meine volle Kraft für mein Heimatland gehabt und das hätte mich innerlich zerrissen. Unter den vielen Kundgebungen in ganz Deutschland konnte ich an der Organisation von Aktionen in Berlin, München und Frankfurt teilnehmen. Als wir in Berlin einen Marsch vom Brandenburger Tor bis zum Alexanderplatz organisierten, waren wir sehr überrascht und dankbar, dass deutsche Behörden für uns die zentralen Straßen sperrten und uns vor möglichen Provokationen schützten – statt unsere Meinung zu unterdrücken und uns zu verhaften, wie es in

Belarus geschehen wäre. Dazu kamen Gespräche mit der Presse, mit deutschen und internationalen Organisationen und Treffen mit Mitgliedern des Bundestags sowie des Europaparlaments. Es mag Zufall sein, aber einige Punkte, die wir von der deutschen und europäischen Politik bereits im Juli gefordert oder dort angestoßen haben, wurden einige Monate später tatsächlich verwirklicht, wie etwa die Verleihung des Sacharow-Preises an die belarusische Oppositionsbewegung.

Den gesamten Juli über brummte mir nicht nur der Schädel, auch mein Handy drohte aus allen Nähten zu platzen – so viele Nachrichten aus Deutschland und Neuigkeiten aus Belarus prasselten auf mich ein. Die weiteren Maßnahmen der belarusischen Regierung lösten in mir und meinen Mitstreiter_innen noch mehr Empörung und vor allem Tatendrang aus.

Meine Heimat

Aufwachsen in Belarus

Ich wurde in der Kleinstadt Vilejka, hundert Kilometer nördlich von Minsk, geboren. Mein Weg zum Beruf des Dirigenten war nicht selbstverständlich, denn in meiner Familie gibt es niemanden, der mit Kunst verbunden ist oder sich dafür interessiert.

Meine Eltern wuchsen in kleinen Dörfern 20 bis 30 Kilometer von Vilejka entfernt auf. Sie und ihre Familien gehörten einer klar getrennten Klasse von Bäuer_innen an, denn damals gab es noch eine sowjetische Auslegung der vorsowjetischen Leibeigenschaft: Bis 1974 war es verboten, den Bäuer_innen in den Dörfern Pässe auszustellen. Dies war ein Privileg, welches den Bewohner_innen der Städte vorbehalten war. Diese Regelung gab es seit dem Beginn der Stalinherrschaft und sie wurde geschaffen, um den Bäuer_innen einen Umzug in die Städte unmöglich zu machen. Auf diesem Weg sollten die Kolchosen erhalten bleiben, in denen die Bäuer_innen für das Allgemeinwohl arbeiten mussten. Alle Mitglieder einer Kolchose wurden im Alter von 16 Jahren registriert und konnten die Dörfer nicht einmal vorübergehend ohne die Erlaubnis der Behörden verlassen. Zum Zeitpunkt der Aufhebung dieses Gesetzes war mein Vater 15 Jahre und meine Mutter 12 Jahre alt, so dass man sie als die erste Generation von Menschen aus dem Dorf bezeichnen kann, die das Recht auf Bildung in den Städten hatten und selber entscheiden konnten, wo sie leben wollten.

Ich wurde 1991 geboren und bin somit genauso alt wie mein Land. Meine Kindheit begann am Ende der Perestroika, einer Zeit großer Veränderungsprozesse – dem Übergang von der UdSSR zum neuen unabhängigen Belarus. In meiner Erinnerung habe ich mein Heimatland nur unter Lukašenkas Macht erlebt. Natürlich waren mein Wissen und mein Verständnis der politischen und gesellschaftlichen Situation um mich herum umso geringer, je kleiner ich war.

Meine frühe Kindheit verbrachte ich meist in der Gesellschaft meiner einzigen Großmutter, da meine Eltern sehr viel und hart gearbeitet haben. Sie sah regelmäßig fern und glaubte alles, was dort verkündet wurde. Deshalb hatte ich lange Zeit keine Zweifel daran, dass alles, was ich durchs Fernsehen mitbekam und meine Oma sagte, normal sei. Auch unser Leben im scheinbar glücklichen postkommunistischen Belarus stellte ich nicht in Frage. Im Rückblick lässt sich einfach sagen, dass ich mich schon damals hätte fragen können, warum meine Eltern immer so hart arbeiten mussten – neben ihrem Hauptarbeitsplatz betrieben sie noch die Landwirtschaft unserer Datscha und gingen allen möglichen Nebenjobs nach. Sie arbeiteten ununterbrochen und wir haben nie einen richtigen Urlaub gemacht. Meine Mutter fuhr nur zweimal in ihrem Leben in den Süden – dabei begleitete sie mich in ein Sanatorium auf der Krim, als ich Anfang der 2000er Jahre Asthma bekam und behandelt werden musste.

Auch von anderen Menschen aus meinem Lebensumfeld erhielt ich keine Anhaltspunkte, die mir gezeigt hätten, dass das Leben auch anders hätte sein können. Aufgrund dieser fehlenden Vergleichsmöglichkeiten habe ich lange Zeit nichts hinterfragt und nahm alles um mich herum als gegeben hin.

Im Vergleich zum Leben in der UdSSR wurde für viele Menschen der Alltag schwieriger. In Belarus herrschten jedoch mehr oder weniger geordnete Verhältnisse, zumindest im Vergleich zu Russland und der Ukraine. Denn das oligarchische Regime war in unserem Land nicht so stark ausgeprägt wie dort. Die

Menschen in Belarus hatten diesen Unterschied schon damals schätzen gelernt und waren nicht zuletzt ihrem neuen Präsidenten dankbar, der mit seiner harten Hand das Staatsschiff – angeblich – auf den richtigen Kurs geführt hatte und es mit allen Mitteln dort hielt.

Doch die Zeit verging und unser Nachbarland Polen, das Anfang der 1990er Jahre Belarus wirtschaftlich nicht übertraf, entwickelte sich aufgrund seiner neuen demokratischen Politik sehr schnell voran. Unser Land hingegen verblieb in seiner lethargischen Schlafphase. Wir sind mit dem Wort »Stabilität« auf den Lippen aufgewachsen, und man brachte uns von klein auf bei, seine Bedeutung zu schätzen. Schließlich dachte man, dass es nichts Schlimmeres als den Wandel gebe – spätestens seit dem Zweiten Weltkrieg, in dem laut Statistik jede_r vierte Belarus_in getötet wurde, hatten die Menschen Angst, das Allerletzte zu verlieren, und lernten Beständigkeit zu schätzen. Ich erinnere mich nur an ein Ereignis, das mit einer Veränderung zu tun hat: Es muss 1995 gewesen sein, als Lukašenka beschloss, die offizielle Symbolik von Belarus zu verändern – statt der weiß-rot-weißen Flagge und des Wappens »Pahonia«, die historisch an die Zeit der belarusischen Staatlichkeit in vorsowjetischer Zeit anknüpften, gab es nun eine rot-grüne Flagge und ein rot-grünes Wappen, das dem Wappen der UdSSR sehr ähnlich war.

Doch damals bekam ich von den Hintergründen dieser großen Veränderung nichts mit. Während ich älter wurde, wuchs die Welt um mich herum erst langsam Stück für Stück und ich begann zunächst die neuen Straßen und Stadtteile meiner Stadt und des Dorfes meines Vaters, in dem wir noch ein Haus hatten, zu erkunden. Die Großstadt Minsk erschien mir damals noch als etwas Unerreichbares, als eine andere schöne Welt mit breiten Alleen, U-Bahnen, Militärparaden und den Mächtigen unseres Landes.

Vielleicht entdeckte ich die Welt außerhalb unseres Wohnorts erst später, weil ich keinen Kindergarten besuchte und nur mit den wenigen Kindern in der Nachbarschaft meiner Großmutter spielen konnte. Meine Großmutter war Lehrerin, und meine Eltern entschieden sehr früh, dass sie mich unterrichten sollte, und so lernte ich mit fünf Jahren innerhalb von einer Woche Lesen, Schreiben und Rechnen. Gemeinsames Spielen mit gleichaltrigen Kindern war selten, ich lernte sehr früh, mich mit Dingen zu beschäftigen, die ich alleine machen konnte. Ich las sehr gerne und mit neun Jahren schrieb ich meine ersten Geschichten und fasste den Entschluss, Schriftsteller zu werden.

Doch schon bald vergaß ich das erfolgreich...

Musik – eine neue Welt

Der Musik bin ich ganz zufällig begegnet – auf dem Dachboden des alten Hauses meines Vaters fanden wir ein verwaistes Akkordeon. Auf meine Frage, woher es stammt, antwortete mein Vater, dass mein Großvater es wohl manchmal gespielt habe.

Mein Großvater starb acht Jahre vor meiner Geburt, wir sprachen in meiner Familie nicht viel über ihn. Erst einige Jahre später erfuhr ich, dass er ein beliebter und erfolgreicher Mann in seinem Dorf gewesen ist; ein begabter Handwerker, an den sich viele Menschen um Hilfe wandten. Doch eines Tages, 1948, schrieb einer der Nachbarn entweder aus Neid oder aus Eifersucht eine Denunziation an den Sicherheitsdienst (der später zum immer noch existierenden KGB wurde). Darin stand, dass er angeblich in antisowjetische Aktivitäten verwickelt sei. Wie bei Millionen anderer Sowjetbürger reichte eine solche Denunziation aus, um seiner Familie das Haus zu konfiszieren und ihn ins Exil zu schicken. Daraufhin sollte er 25 Jahre in einem Arbeitslager im Ural auf einem Abschnitt der Transsibirischen Eisenbahn verbringen. Glücklicherweise musste er von den 25 Jahren nur fünf Jahre im Exil dienen, denn mit Stalins Tod im Jahr 1953 wurde seine Anklage fallengelassen, und später konnte er seine offizielle Rehabilitierung erreichen. Aber nach Augenzeugenberichten verschlechterte sich der Gesundheitszustand meines Großvaters nach fünf Jahren harter Arbeit im Lager stark, und er kehrte als anderer Mann, schweigsamer und zurückgezogener, nach Hause zurück. Musik war in seinem Haus daraufhin nur noch selten zu hören.

Zu der Zeit, als wir das Akkordeon fanden, besuchte ich bereits die öffentliche Schule. Doch die Art und Weise, wie unsere Lehrer in den allgemeinen Fächern und auch in den Musikstunden unterrichteten, weckte in mir kein großes Interesse am Lehrstoff. Was mir meine Großmutter zu Hause beibrachte, war viel informativer und interessanter als die Schulfächer und dank ihrer pädagogischen Arbeit musste ich mich in den ersten Schuljahren für gute Noten nicht besonders anstrengen. Ich selbst hatte auch keine Lust, fleißig zu lernen, nicht zuletzt deshalb, weil viele unsere Lehrer, anstatt unser Interesse an neuem Wissen zu wecken, uns dazu zwangen, gehorsam das zu tun, was der Lehrplan der Schule vorschrieb. Die gehorsamsten und fleißigsten wurden zu ausgezeichneten Schülern und nahmen eine höhere Position in der Schulhierarchie ein. Gehorsam wurde uns ähnlich wie der Glaube an Stabilität von Kindheit an eingeflößt. Wenn man nach diesen Regeln spielte, würde man sich besser in die Gesellschaft integrieren, und eines Tages könnte man die Position jener Menschen einnehmen, die selbst den Gehorsam von anderen einforderten. Für Ungehorsam und schlechte Leistungen gab es in der Tradition der strengen sowjetischen Erziehung nur Verachtung und Strafe: Meine Akkordeonlehrerin an der Musikschule schrie mich regelmäßig lauthals an, wenn ich etwas falsch gemacht hatte. Natürlich hat mich ihr Verhalten nicht dazu gebracht, die Musikschule gerne zu besuchen und den Unterricht zu schätzen. Ich war einfach verpflichtet, dorthin zu gehen, und tat, was ich tun musste.

Als Teenager begann ich, wie viele junge Menschen, zu rebellieren. Auf der Suche nach Alternativen und mehr Freiheit geriet ich in gefährliche Kreise. In dem Innenhof des Gebäudes, in dem wir in der Stadt wohnten, gab es einige Menschen, die seit ihrer Jugend regelmäßig von der Polizei verfolgt und mehrmals verhaftet wurden. Einige andere Teenager in meinem Umfeld waren süchtig nach leichten Drogen. In Belarus gibt es diesbezüglich immer noch sehr harte Strafen, so dass einige meiner Freund_innen für fünf bis acht Jahre ins Gefängnis gehen mussten. Ein weiteres Problem war Alkohol, der recht einfach und billig zu bekommen war. Einige Bekannte aus meiner Nachbarschaft waren bereits im Alter von gerade einmal 15 oder 16 Jahren auf dem Weg alkoholsüchtig zu werden.

Heute fällt es mir sehr schwer, mir vorzustellen, was mit mir passiert wäre, wenn ich aus dieser Gesellschaft nicht herausgekommen wäre. Einige meiner Altersgenoss_innen aus dieser Zeit leben nicht mehr, und einer von ihnen ist sogar noch immer im Gefängnis. Aber ich hatte Glück im Unglück, als bei mir Asthma mittleren Grades diagnostiziert wurde – die Krankheit hat meine Zukunft zum Positiven verändert.

Die Ärzt_innen empfahlen meinen Eltern, mich vom Akkordeon auf ein Blasinstrument wechseln zu lassen, um meine Lungen zu trainieren. So begann ich, Posaune zu spielen, und bekam mit Fiodar Michajlavič Hur einen neuen Lehrer – einen rastlosen Enthusiasten, der seine Arbeit wie verrückt liebt. Die Atmosphäre in seiner Klasse war einzigartig – er unterrichtete ein Dutzend verschiedene Instrumente, war Dirigent unseres Blasorchesters und hatte immer doppelt so viele Schüler_innen, als er eigentlich annehmen konnte. Mit unserem Orchester waren wir ständig in ganz Belarus auf Tournee, und ich habe kein einziges Mal erlebt, dass wir nicht den ersten Platz oder einen Grand Prix bei Wettbewerben gewonnen haben. Wir spielten Jazz- und Unterhaltungsmusik, und allen Mitgliedern hat das Orchester eine unglaubliche Freude bereitet.

Trotz dieser positiven Erfahrung stand ich immer noch unter dem Einfluss der schlechten Gesellschaft in meiner Nachbarschaft. Als meine Eltern mit meinem negativen Verhalten als Teenager alleine nicht mehr zurechtkamen, bat meine Mutter Fiodar Michajlavič verzweifelt um Hilfe. Er nahm die Situation ernst und beschloss kurzerhand, mich auf den richtigen Weg zu führen, ohne dass ich es bemerken würde. Damit ich keine Zeit mehr hatte, um mich mit den falschen Leuten abzugeben, ließ er mich jeden Tag fünf bis sechs Stunden in der Musikschule üben. Ich ging gleich nach der Schule dorthin und verließ das Gebäude erst am späten Abend, kurz bevor auch Herr Hur nach Hause ging. Wir wohnten nicht weit voneinander entfernt und so gingen wir jeden Abend zusammen nach Hause. Diese Zeit hat mein Leben verändert.

Jedes Mal erzählte mir mein Lehrer mit großer Begeisterung von ganz unterschiedlichen Dingen: Philosophen des antiken Griechenlands, wissenschaftliche Entdeckungen der letzten Jahrhunderte, Sport oder Luftfahrt. Seinem großen Wissensschatz entsprechend, lautete sein Lebensmotto: »Man muss fast alles über etwas wissen und etwas über alles.«

Durch unsere Gespräche hat er mir eine ganz neue Perspektive eröffnet. In meiner Kleinstadt, abgeschnitten von jeglichen großen Ereignissen, war ich dabei, eine große und lebendige bunte Welt kennenzulernen, von deren Existenz ich vorher nicht gewusst hatte. Mein Lehrer hauchte den staubigen Konventionen meines Alltags, denen ich blindlings folgen musste, Leben ein. Ich fand heraus, dass man nicht unbedingt sich selbst oder etwas anderes zerstören musste, um seinen Weg zu finden. Stattdessen war es möglich, etwas zu schaffen. So gab Fiodar Michajlavič meinem planlosen Leben allmählich die rettenden Orientierungspunkte. Ich ging immer bereitwilliger zur Musikschule, und ich hatte keinen Zweifel daran, dass ich mein Leben mit der Kunst verbinden wollte.

Wissbegierig sog ich alles, was neu war, wahllos in mich auf. Nach all den Jahren, in denen ich von andersdenkenden Quellen abgeschnitten war und nur Massenkultur konsumierte, interessierte mich jede alternative Meinung. Aus Neugierde begann ich, Filme von Antonioni und Wenders zu sehen, anstatt die Geschichten der Teenager-Detektive Gorki und Dumas zu lesen. Und natürlich begann sich auch mein Musikgeschmack zu verändern – statt für Hard Rock und Techno begann ich mich für neue Genres zu interessieren.

Irgendwann brachte die Tante von Mikita, einem meiner besten Freunde, die einige Jahre zuvor nach Frankfurt am Main gezogen war, einige CDs mit klassischer Musik aus Deutschland mit. Ich fragte ihn, ob er sie mir ausleihen würde und so hörte ich im Alter von 16 Jahren zum ersten Mal in meinem Leben zahlreiche Werke von Mozart, Tschaikowski und anderen großen Komponisten. Die Musik eröffnete mir eine neue Welt, die ich nie wieder verlassen wollte.

In der Kleinstadt Vilejka konnte ich meine neue Freude kaum mit jemandem teilen. Ich fühlte mich immer mehr wie ein Außenseiter und wollte an einen Ort ziehen, an dem ich mich selbst verwirklichen konnte. Minsk erschien mir damals wie eine ferne Welt – eine Welt, die ich unbedingt erreichen wollte.

Politisches Erwachen

So habe ich mein Studium an dem Minsker College of Music begonnen. Zunächst inspirierten mich die gewaltigen Veränderungen, die in meinem Leben stattgefunden hatten: Endlich machte ich meine Lieblingsbeschäftigung zum Beruf, fand Gleichgesinnte und entdeckte die unbekannte große Stadt. Minsk machte auf mich den Eindruck, als wäre es das Zentrum des Lebens, mit seinen Millionen von Menschen, den breiten Straßen und den kulturellen Veranstaltungen. Die erste Zeit beschäftigte ich mich überwiegend mit Musik und nahm das Leben um mich herum nur ansatzweise wahr. Aber allmählich wurde mir klar, dass trotz des Umzugs in die Hauptstadt viele

Probleme bestehen blieben. Immer deutlicher bedrückte mich ein diffuses Gefühl von Unfreiheit.

Als ich anfing, Minsk und Belarus in größeren Dimensionen wahrzunehmen, wunderte ich mich, warum wir so abgeschnitten von der restlichen – vor allem von der nicht russischsprachigen – Welt sind. Warum wir quasi gar keinen Austausch mit anderen Ländern haben. Warum ein Visum so teuer und die Arbeitslöhne so niedrig sind, dass es sich kaum jemand leisten kann, auszureisen. Warum nur wenige von uns Fremdsprachen sprechen können. Und vor allem warum wir eine Art Minderwertigkeitskomplex in Bezug auf andere Nationen haben und jede_n der seltenen Ausländer_innen in Minsk wie eine Attraktion betrachten? Ich stellte mir immer häufiger die Frage, ob wir tatsächlich durch unsere Isolierung und gewaltvolle Geschichte am bunten Leben der anderen nicht teilnehmen können?

Von Zeit zu Zeit schien es mir, dass es nur meine persönliche Wahrnehmung war und ich der Einzige bin, der von unserer Realität deprimiert war. Ich spürte immer noch die ständige Spannung um uns herum und den unsichtbaren Druck von oben. Aber allmählich sah ich, dass die Menschen um mich herum genauso mutlos waren. Das Gefühl der schweren Last mag nicht zuletzt ein Zeugnis für die Gewalt und das Leid gewesen sein, das die belarusische Bevölkerung in seiner Geschichte erfahren musste.

Die Komplexe und Ängste, die mit dem Stalinismus und dem Zweiten Weltkrieg verbunden sind, haben wir vom zerstörten Sowjetimperium geerbt. Wir waren gezwungen zu glauben, dass das System, in dem wir alle lebten, das einzig wahre sei und dass wir uns nicht davon distanzieren sollten. Es sei besser, gar nicht erst zu versuchen, nach Alternativen für uns selbst zu suchen, denn die Veränderungen könnten noch Schlimmeres bedeuten. Es sei besser für uns, die Initiative nicht aktiv zu ergreifen, bloß nicht auffallen, denn solche Menschen könnten als erste gepackt werden von der Brutalität des Staatsapparats. So hat uns die Geschichte der Gewalt gelehrt, nicht aufzufallen, und wir wuchsen mit den Sprichwörtern »Initiative ist strafbar« und »Tue nichts Gutes, dann erfährst du nichts Böses« auf.

Im Fernsehen wurde uns immer wieder gezeigt, wie schlecht das Leben in anderen Ländern sei, weil dort regelmäßig Krisen und Revolutionen stattfänden. Belarus sah im Vergleich dazu wie eine Insel der Sicherheit aus. Da ich unter einer einzigen Regierung aufgewachsen bin, kaum im Ausland war und wegen der geschlossenen Staatspolitik nie Menschen aus anderen Kulturen traf, musste ich eine bewusste Anstrengung unternehmen, um die Wahrheit der staatlichen Medien anzuzweifeln. Meine Zweifel wurden durch die völlig andere Lebensrealität der Menschen um mich herum bestätigt, die dem schönen Belarus aus dem Fernsehen nicht entsprachen. Und natürlich war die Musik meine Rettung aus der grauen Mittelmäßigkeit und der Unauffälligkeit des Alltags. Sie war mein Aufbruch in eine bessere und schönere Welt. Im Rückblick kann ich sagen, dass die Erziehung durch Kunst für mich der gleiche Ausweg aus dem lethargischen Schlaf wurde, wie es für den Protagonisten von Orwells 1984 sein Tagebuch war, dank dessen er begann, an der Wahrheit des ihn umgebenden Systems zu zweifeln.

Im stabilen oder besser gesagt stagnierenden politischen Leben von Belarus gab es nur einmal alle fünf Jahre eine kurzlebige Öffnung: die große Hoffnung auf Veränderungen bei den nächsten Präsidentschaftswahlen. Im Jahr 2004 organisierte Lukašenka jedoch ein nationales Referendum, nach dem er anstelle von maximal zwei Amtszeiten unbegrenzte Male an Präsidentschaftswahlen teilnehmen konnte. Spätestens seitdem sind die Wahlen zu einem rein formalen Ritual der Verlängerung seiner Präsidentschaft geworden.

An den Wahlen konnte ich zum ersten Mal im Jahr 2010 teilnehmen. Erstmals interessierte ich mich für die politische Situation in unserem Land und versuchte aktiv daran teilzuhaben. Ich las Oppositionsberichte aus den vergangenen Jahren und sah mir politische Dokumentationen an – Material, das größtenteils in Belarus verboten war. Je mehr ich über die Eigenheiten unserer politischen Situation erfuhr, desto größer wurde mein Entsetzen und mein Drang nach Veränderung. Ich erfuhr, mit welchem Aufwand Lukašenka all die Jahre an der Macht blieb: durch die Ausschaltung seiner politischen Rival_innen, die Stärkung der Machtstrukturen und die totale Kontrolle des Justizsystems, der Massenmedien und somit der ganzen Gesellschaft.

Ich war entsetzt darüber, wie grausam und gewalttätig seine Politik in den frühen Jahren seiner Amtszeit war. 1996 drohten ihm beispielsweise die Abgeordneten wegen mehrfacher Verfassungsverstöße mit Amtsenthebung. Aber nach einigen Intrigen seinerseits im Verfassungsgericht, nach einer gewalttätigen Razzia im Parlament und der Verhaftung seiner Gegner_innen gelang es ihm nach und nach, das gesamte politische System zu unterwerfen. Eine weitere verhängnisvolle Änderung in diesem Jahr war die Entlassung des Leiters der Zentralen Wahlkommission, Viktar Hančar. An seine Stelle trat Lidzija Jarmošyna, die Lukašenka die Kontrolle über die Wahlen bis ins Jahr 2020 hinein übertrug. Viktar Hančar, wie auch einige andere Gegner_innen Lukašenkas, waren bald darauf verschwunden und gelten bis heute als vermisst.

Mir wurde klar, welch hohen Preis man bezahlen musste, wenn man mit dem System in Belarus nicht einverstanden war. Das Einstehen für eine oppositionelle Position konnte bedeuten, die sozialen Privilegien zu verlieren und zu einem Ausgestoßenen der Gesellschaft zu werden. Es konnte aber auch Gefängnis, Exil oder im schlimmsten Fall den Tod bedeuten. Meinungsverschiedenheiten wurden unterdrückt, so lange und systematisch, bis jede Quelle einer oppositionellen Position ihre Vitalität völlig verlor. Der Opposition wurde lediglich so viel Raum gegeben, dass sie nominell existieren und somit die Legitimität des vermeintlich demokratischen politischen Systems bestätigen konnte.

Im Wahlkampf 2010 wurden, abgesehen von Lukašenka

selbst, neun Alternativkandidaten (alles Männer) zugelassen – eine Rekordzahl in der Geschichte von Belarus. Sie schafften es aber nicht, sich untereinander zu einigen und alle Kräfte in eine Richtung zu vereinen, was leider zu erwarten war. Aber da sie zumindest minimalen Zugang zu den Medien erhielten und in der Öffentlichkeit als Kandidaten bekannt wurden, konnten sie einen relativ großen Teil der Bevölkerung aus der Lethargie holen und Hoffnung auf die mögliche Veränderung des politischen Systems wecken.

In den Medien wurde regelmäßig über Verstöße bei den Wahlen berichtet, beispielsweise vom Ausschluss der unabhängigen Beobachter_innen oder von Fälschungen. Gleichzeitig habe ich nicht nur aus der Presse, sondern auch aus eigener Beobachtung erfahren, mit welchen Mitteln die Behörden das gewünschte Ergebnis erzielten: Ich und meine Kommiliton_innen an den Universitäten in Minsk sowie in anderen Städten wurden durch alle erdenklichen Drohungen dazu gezwungen, vorzeitig zu wählen – zu einer Zeit, als der Wahlprozess noch schwieriger zu kontrollieren war. Außerdem wurde mein Bruder dazu verpflichtet, in der Kommission in einem der Wahllokale in Vilejka zu arbeiten. Er erzählte mir später, dass der Vorsitzende der Kommission an einem der Wahltage einen Anruf der oberen Führungsriege erhielt, in dem ihm mitgeteilt wurde, dass in ihrem Wahllokal nicht weniger als 90 Prozent der Stimmen für Lukašenka »abgegeben« werden dürften.

Dem offiziellen Wahlergebnis am 19. Dezember 2010 war zu entnehmen, dass Lukašenka seine traditionellen 80 Prozent der Stimmen gewann. An diesem Tag wurden plötzlich einige Kandidaten verhaftet, um die Proteststimmung zu hemmen. Trotzdem fand am Abend desselben Tages auf dem Platz der Unabhängigkeit in Minsk eine für diese Verhältnisse sehr große Kundgebung statt. Verschiedenen Schätzungen zufolge nahmen daran 30 000 bis 60 000 Menschen teil. Natürlich bin ich auch dorthin gegangen – aus Empörung und Neugierde.

Der riesige Platz war voll von Menschen mit Plakaten und weiß-rot-weißen Fahnen. Irgendwo in der Ferne standen die Alternativkandidaten, die noch nicht festgenommen worden waren. Zum ersten Mal in meinem Leben sah ich so viele Menschen, die offen ihre staatsbürgerliche Position zum Ausdruck brachten. Ich war besonders überrascht, dass nicht nur junge und unerfahrene Maximalist_innen wie ich anwesend waren, sondern zahlreiche Menschen aller Generationen auf den Platz gekommen waren – erwachsene Männer und Frauen, ganze Familien und ältere Menschen. Ich sprach mit vielen von ihnen und fragte sie nach dem Grund, warum sie gekommen waren. Einer erzählte mir von der Zeit vor Lukašenka, jemand anderes sprach über sein hartes Leben, seine miserable Rente und Perspektivlosigkeit. Es wurde mir immer klarer, dass die Proteststimmung, die mich erst vor wenigen Monaten so flammend animierte, Menschen aller Altersgruppen und Lebensbereiche vereinte. An diesem Abend hatten wir alle die Hoffnung, dass es uns gemeinsam gelingen würde, unser Leben zum Besseren zu wenden, und dass wir das zurückgewinnen würden, was uns vor so vielen Jahren genommen worden war.

Aber natürlich war uns gleichzeitig auch klar, dass ein Staat, der es gewohnt ist, die Dinge unter Kontrolle zu halten, uns mit aller Wahrscheinlichkeit nicht einfach offen unsere eigene Meinung äußern lässt. Als ich mich damals mit meinen Freund_innen dem Platz näherte, sahen wir in den Innenhöfen der Häuser immer wieder Menschen in Zivil, die verkabelt waren und in deren Nähe meist Polizeiautos standen. Sogar auf einem Dach sah ich zwei dieser Personen, die uns und die Situation auf dem Platz beobachteten.

Nach mehreren Stunden friedlicher und hoffnungsvoller Kundgebungen fuhren mehrere Gefangenentransporter und Militärfahrzeuge an uns vorbei. Sie rollten in Richtung des Regierungsgebäudes und blieben dort stehen. Ein paar Minuten später lief ein langer Konvoi von Sicherheitsbeamten am Gebäude entlang und sperrte eine Seite des Platzes komplett ab. Meine Freund_innen und ich standen auf der anderen Seite des Platzes und uns wurde klar, wie die Situation enden würde. Wir beschlossen, uns ein paar Häuserblocks von dort zu entfernen. Da es sehr kalt war, gingen wir in eine nahe liegende McDonald's Filiale und wärmten uns dort auf. Nur 15 Minuten später kamen die ersten Menschen, die eben noch auf dem Platz neben uns gestanden hatten, dort hineingelaufen, um sich auf der Toilette das Blut vom Gesicht zu waschen.

An diesem Abend nahm die Bereitschaftspolizei mehr als 600 Personen fest und verurteilten sie zu 10 bis 15 Tagen Gefängnis – eine für damalige Verhältnisse erschütternde Tatsache. Menschen, die aus den vergangenen Jahren Erfahrungen mit der Teilnahme an Protesten hatten, erzählten uns, dass die neue Art der Unterdrückung von Protesten dieses Mal besonders hart gewesen sei. Es war auch bekannt, dass die belarusischen Polizist_innen von 2008 bis 2011 von deutschen Kolleg_innen ausgebildet worden waren und die Erfahrung der Protestunterdrückungen von der deutschen Bereitschaftspolizei übernommen hatten.

Nachdem die Demonstrationen aufgelöst worden waren, machte sich eine noch tiefere Depression in der Gesellschaft breit. Viele Alternativkandidaten wurden dazu gezwungen, sich öffentlich vor den Fernsehkameras zu entschuldigen und ihre angeblichen Fehler einzugestehen. Diejenigen, die sich weigerten, wurden ins Gefängnis gesteckt. Einige Wochen später, Anfang 2011, erlebte Belarus eine Finanzkrise und im April folgte ein Terroranschlag in der Minsker U-Bahn – in einer zentralen Stationen kam es zu einer heftigen Explosion, bei der 15 Menschen ums Leben kamen. Dieser Terroranschlag und seine Untersuchung haben die belarusische Gesellschaft sehr mitgenommen. Das Motiv der Angeklagten Dzmitryj Kanavalaŭ und Uladzislaŭ Kavalioŭ, die sehr schnell festgenommen wurden, war recht umstritten. Trotzdem wurde die Untersuchung in verdächtig kurzer Zeit abgeschlossen und die in Belarus immer noch geltende Todesstrafe auf sie angewandt. Sie wurden erschossen.

Zu diesem Zeitpunkt war ich gerade dabei, meine Ausbildung am Minsker College of Music in Minsk abzuschließen. Die Ereignisse der vergangenen Monate hatten mich sehr deprimiert, und das Geschehen nach den Wahlen stärkte in mir nicht gerade das Vertrauen in unsere Regierung. Meine patriotische Motivation, die mich eventuell davon hätte überzeugen können, nach meinem Abschluss in Belarus zu bleiben, schwand immer mehr. Ich hatte immer deutlicher vor Augen, wie wenig die Bevölkerung und ihr Wohl für den Staat zählte. Widerspruch war verboten – am besten warf man seine Überzeugungen über Bord und dümpelte von Tag zu Tag in der unmündigen Masse vor sich hin.

Immer häufiger beschlich mich das Gefühl, dass ich durch die ständigen Kompromisse mit dem System und mit mir selbst sowie die daraus resultierende Unzufriedenheit mit meinem Leben in ein graues und elendes Dasein gezogen wurde. Diese ständige Unzufriedenheit mit meinem Leben machte mich wütend. Da mir die Gründe für meine Situation mehr oder weniger bekannt waren und ich den ständigen Druck, die anerzogene Angst sowie die zermürbende Unfreiheit loswerden wollte, fasste ich einen Entschluss – ich würde auswandern.

Ablegen der Fesseln

Nachdem ich beschlossen hatte zu gehen, musste ich feststellen, dass ich mein Heimatland nicht ohne große Bemühungen verlassen konnte. Bis heute hat Belarus, als einziges Land der ehemaligen UdSSR, das sowjetische System der Zwangsanstellung beibehalten. Dies besagt, dass alle, die eine kostenlose Ausbildung erhalten haben, mindestens zwei Jahre lang in einer von einer Sonderkommission ausgewählten Einrichtung arbeiten müssen.

In der Regel wird die betreffende Person dabei nicht nach ihren Präferenzen bezüglich eines bestimmten Arbeitsfeldes gefragt. Die Zwangsanstellung ist eines der zahlreichen Druckmittel der Regierung auf junge Fachkräfte – wenn es ihr nicht gelang, die Jugendlichen zur Heimatliebe zu zwingen, dann konnte sie ihnen zumindest verbieten, ihre Heimat zu verlassen.

Es gibt nur zwei Möglichkeiten, mit denen man von der Anstellungspflicht befreit werden kann: Entweder man zahlt einen der erhaltenen Ausbildung entsprechenden Betrag, oder die Ausbildung wird auf einer höheren Stufe fortgesetzt. Es war jedoch nicht möglich, ein solches Studium im Ausland, zum Beispiel in der Europäischen Union oder den USA, zu absolvieren, um von der Zwangsanstellung befreit zu werden. Das Perfide an diesen Regelungen ist, dass die Regierung weiß, dass die Mehrheit der Bevölkerung niemals über das entsprechende Geld verfügen würde. Eine der wenigen realistischen Ausnahmen bestand im Rahmen der Partnerschaftsabkommen mit Russland: Durch ein Aufbaustudium dort waren die Studenten von der Anstellungspflicht kostenlos befreit. Diese Regelung war nur wenige Jahre gültig – ich hatte Glück, denn im Sommer 2011 galt sie noch, und ich hatte die Möglichkeit, auf legalem Weg nach Sankt-Petersburg zu gehen, um am dortigen Konservatorium zu studieren. Da Russland für mich aber nicht das Hauptziel war, sondern der einzig mögliche Kompromiss, ging ich einige Jahre später nach Deutschland, um mich dort stärker auf das Dirigieren zu fokussieren, das mich schon seit Jahren inspirierte.

Im Ausland bemerkte ich, dass Belarus_innen selten das Bedürfnis hatten, den Kontakt zu ihren Landsleuten aufrechtzuerhalten. Viele wollten einen Teil von sich in ihrer belarusischen Vergangenheit lassen, dort ihre Ängste und Komplexe begraben und sich in eine neue Gesellschaft integrieren. Bis vor kurzem habe ich nur äußerst selten Landsleute getroffen, die stolz über ihre Herkunft sprechen konnten und ihre nationale Identität bewahrten. In Europa gab es lange Zeit überwiegend in den traditionellen Auswanderungsländern der politischen Opposition eine starke belarusische Diaspora – in Litauen, Polen und der Tschechischen Republik. Dort gab es die wenigen Menschen, die trotz des totalitären postsowjetischen Regimes von Lukašenka nicht aufhörten, ihre Wurzeln, die belarusische Kultur und die belarusische Sprache weiterhin zu lieben und zu pflegen.

Ich kehrte regelmäßig nach Belarus zurück, jedoch immer nur für wenige Tage und nur, um meine Verwandten zu besuchen. Je mehr ich in anderen Ländern lebte, desto größer war der Kontrast, dem ich in meinem Heimatland begegnete. Jedes Mal hatte ich das Gefühl, mit einer Zeitmaschine zurück in die Vergangenheit gereist zu sein. Die Wege entlang der sauberen und breiten Straßen von Minsk wirkten auf mich so, als würden sie die Passant_innen noch immer in eine strahlende kommunistische Zukunft führen wollen, während die glücklichen Bürger_innen der Sowjetunion eine beispiellose Weizenernte einfahren. Nur hier und da gab es statt der sowjetischen Plakate neue optimistische Transparente: »Für das junge und wohlhabende Belarus!« oder »Belarus ist ein Land fürs Leben«.

Auf den breiten Straßen von Minsk gab es immer noch keinen Platz für informelle Cafés oder andere Hinweise auf Privatwirtschaft. Erst bei einem Besuch im Jahr 2015 begann ich auf einigen Seitenstraßen in Minsk alternative Räume wahrzunehmen. Diese Gegenden schienen kleine Ghettos zu sein, in die die junge Generation von Belarus_innen vor der prokommunistischen Ästethik geflohen ist und ihren eigenen Stil bestimmen konnte. Im selben Jahr fand der vielleicht trägste und apathischste Präsidentschaftswahlkampf statt, in dem die Vorsitzende der zentralen Wahlkommission Lidzija Jarmošyna mehr als 83 Prozent der Stimmen für den amtierenden Präsidenten bekanntgab. Es war nicht gelungen, ausreichend überzeugende Alternativkandidaten aufzustellen, die die Kraft und den Glauben fanden, um für einen politischen Regimewechsel zu kämpfen. Zu diesem

Zeitpunkt hielt ich mich sogar zufällig in meiner Heimatstadt Vilejka auf, aber ich hielt die Wahl für eine weitere Farce und boykottierte sie.

In den folgenden Jahren verkürzte ich meine Reisen nach Belarus immer mehr auf ein Minimum, denn es fiel mir schwer, über einen längeren Zeitraum dort zu bleiben. Die Menschen auf den Straßen machten einen immer graueren und traurigeren Eindruck auf mich – fast niemand lächelte, fast niemand sah dem anderen in die Augen. Es war, als ob die Menschen ständig fliehen und sich retten würden, entweder voreinander oder vor der unwirtlichen Realität ihres Lebens. Mit der Zeit fiel es auch mir schwer, in die Augen der anderen zu schauen und zu lächeln. Ich bemerkte die Rückkehr der Ängste und die Größe unseres belarusischen Minderwertigkeitskomplexes, gegen den ich in meiner Jugend kämpfen musste. Ich habe die Ursachen teilweise verstanden und wusste, dass wir alle doch unglaublich aufrichtig, gefühlvoll und emotional sein können, aber wir hatten viel zu wenig Gelegenheit, das zu zeigen. Ich wusste, dass es schwer für uns alle war, mit aufgeknöpften Seelen und ohne einen Hut der Ironie unsere Häuser zu verlassen, wenn auf den Straßen ständig die Kälte des Totalitarismus herrscht.

Erst vor einigen Jahren begann ich zu erkennen, dass wir unabhängig vom politischen Regime versuchen müssen, unsere Identität, unsere Kultur und unsere Sprache zu bewahren und zu stärken. Dass wir sonst kaum in der Lage sein werden, in der Zukunft einen bewussten Übergang in eine Welt mit offenen Grenzen zu vollziehen, ohne uns selbst dabei zu verlieren. Ich begann, immer häufiger meine Muttersprache zu sprechen, obwohl ich mich mein ganzes Leben lang dafür geschämt hatte. Ich interessierte mich mehr für die Geschichte und Kultur von Belarus, um sie zumindest für mich selbst nicht zu verlieren. Da ich mich für die Emigration entschieden habe, schien es mir besonders wichtig, den Teil der belarusischen Kultur, den ich liebe und der mir wichtig ist, in mir zu behalten. Aber ich verstand, dass das immer noch nicht genug war. Wir hatten noch einen langen Weg vor uns, bevor jeder von uns lernen konnte, seinem Spiegelbild mutig in die Augen zu schauen.

Muttersprache

Eine wichtige Rolle bei der Suche nach Identität spielt die Sprache – eine eigene Muttersprache, die die Nation eint und sie von anderen unterscheidet. Aber die belarusische Sprache ist bereits halb ausgestorben, jeder lernt sie, begegnet ihr von Zeit zu Zeit im Leben, aber niemand spricht sie. Für viele Freund_innen von mir, die heute ebenfalls im Ausland leben, fühlt sich unsere Muttersprache nicht mehr als das an, was sie eigentlich ist. Uns ging es bereits so, als wir noch in Belarus lebten. Dieser Entfremdung von der eigenen Muttersprache liegt ein langer Prozess zugrunde. Eine der politischen Entscheidungen der UdSSR war die Zentralisierung der Macht des neuen Imperiums, einer der Slogans lautete: »Proletarier aller Länder, vereinigt euch!« Es war nicht nur die Ausbreitung des politischen Einflusses, sondern auch eine utopische Idee, die darin bestand eine neue, kommunistische Art von Menschen zu schaffen, die sich mit einer einzigen Sprache besser verstehen würden. Die meisten Regionalsprachen wurden daraufhin absichtlich zerstört. Dies geschah nicht nur um die historische Erinnerung auszulöschen, sondern auch um die Unterschiede zwischen den Menschen zu minimieren. So wurden in den 1930er Jahren belarusische Wörterbücher bewusst umgeschrieben und viele Wörter belarusischer, polnischer und jiddischer Herkunft durch russische Entsprechungen ersetzt.

Zur gleichen Zeit wurde der Unterricht an belarusischen Schulen zunehmend auf Russisch abgehalten. Dadurch wurde es nach und nach zur vorherrschenden Sprache, die nachfolgenden Generationen identifizierten sich mit dem Russischen. Regiona-

41

le Dialekte galten immer mehr als ein Zeichen der Ignoranz und der Loslösung von der vermeintlich großen Welt. Viele wussten nicht mehr, wie die reine belarusische Sprache aussieht und klingt. Man begegnete dem Belarusischen häufig in Büchern, in weit entfernten Dörfern, zu denen die sowjetischen Veränderungen nicht durchdrangen, aber immer seltener im Alltag. Das Ergebnis vieler Jahre der Russifizierung war die Verbreitung des Dialekts Trasianka – einer Mischung aus Russisch und Belarusisch. Dieser Dialekt existiert heute in mehr oder weniger großem Umfang in allen Regionen von Belarus. Meistens ließ sich eine gewisse Tendenz feststellen: Je näher eine Person wissenschaftlichen und kulturellen Zentren steht, desto weniger »gemischt« spricht sie; je gebildeter eine Person ist, desto reiner ist ihre Sprache – in der Regel ist damit Russisch gemeint, in seltenen Fällen auch Belarusisch.

Lukašenka sprach in den 1990er Jahren meist im Provinzdialekt, aber in den Jahren seiner Herrschaft entfernte sich seine Sprache immer weiter von Trasianka hin zur reineren russischen Sprache.

Viele Menschen schämten sich, Trasianka zu sprechen, weil es als Zeichen von Ungebildetheit galt. Und als die Menschen allmählich die belarusische Sprache mehr und mehr mit Trasianka in Verbindung brachten, verursachte der Gebrauch des Belarusischen großes Unbehagen und sogar Scham. Dieser Prozess kann in einem historischen Kontext verstanden werden, aber die meisten Menschen dachten nicht darüber nach und nahmen ihn als selbstverständlich hin. Deshalb war die belarusische Sprache bis vor kurzem kein einigender, sondern oftmals ein trennender Faktor.

Belarus im Wandel

Die Pandemie und der politische Sommer

Es ist kein Geheimnis, dass die größte diesjährige Protestbewegung in Belarus vor den Wahlen mit der Corona-Pandemie verbunden war. Über Belarus wurde seit März 2020 weltweit berichtet, weil die Pandemie auf Regierungsebene von Beginn an nicht als solche angesehen, sondern belächelt wurde. Niemand wusste genau, welche Behandlungsmethoden die richtigen waren, aber in anderen Ländern versuchte man wenigstens, etwas gegen das Virus zu unternehmen. In Belarus war jedoch gar keine Rede davon – die autokratische Regierung, vertreten durch Präsident Lukašenka, verleugnete nicht nur die Existenz der Pandemie, sondern auch jegliche Erkrankungsfälle. Auf der offiziellen institutionellen Ebene war es ein ungeschriebenes Gesetz, die Zahlen der Erkrankten zu verheimlichen und Diagnosen zu fälschen. In der Regel hieß es, dass die Patient_innen an einer gewöhnlichen Lungenentzündung erkrankt seien.

Auf diese Weise manipulierte die Regierung die offiziellen Statistiken, die so gut wie keine Fälle von Covid-19 verzeichneten. Wie viele Belarus_innen sich bisher infiziert haben und wie hoch die Zahl der Todesfälle ist, ist nicht bekannt und wird auch schwerlich herauszufinden sein. Die Ärzt_innen durften ihre Meinung beziehungsweise klare objektive Zahlen nicht nennen und wurden dazu angehalten, Diagnosen zu »korrigieren«.

Einige von ihnen, die sich über die Vorschriften der Regierung beschwert haben, wurden entlassen. Dennoch versuchten in einzelnen Fällen Ärzt_innen ihre Informationen subtil an die Menschen im Land weiterzugeben. Der Chefarzt einer Poliklinik in Minsk, Maksim Ačaretni, schrieb beispielsweise Ende März in den Sozialen Medien: »Ich bin bei der Arbeit. Bleibt ihr bitte zu Hause.« Er versuchte damit eine in anderen Ländern ganz offizielle Empfehlung als eine private Mitteilung erscheinen zu lassen.

Lukašenka hingegen versuchte Panik zu verhindern und nannte den globalen Umgang mit der Pandemie eine Psychose. Er empfahl Eissport als beste Anti-Viren-Medizin, neben Wodka trinken, Saunagängen oder landwirtschaftlichen Tätigkeiten wie Traktorfahren. Und als seien diese Empfehlungen eines Präsidenten an die Menschen in seinem Land nicht schon absurd genug, so beschimpfte er öffentlich die ersten Verstorbenen der Pandemie und legte nahe, dass sie selbst schuld seien. Der Zynismus der Regierung löste eine starke Gegenbewegung aus. So passiv und lebensfremd die Regierung war, so aktiv wurden die einzelnen Bürger_innen. Die Belarus_innen verstanden immer mehr, dass keiner ihnen helfen wird, sondern dass sie auf sich gestellt waren. Immer mehr Menschen schlossen sich zusammen, um sich gegenseitig zu unterstützen und zu helfen – nicht ohne Grund gibt es das Sprichwort: »Den wahren Freund erkennt man in der Not.«

Die Privatindustrie bot dem medizinischen Sektor finanzielle Hilfen an, sowie Unterstützung bei der Herstellung von Schutzkleidung und der Lebensmittelversorgung für die Angestellten der Kliniken. Eine der größten Herausforderungen bestand allerdings darin, überhaupt eine Erlaubnis dafür zu erhalten, die Hilfe annehmen beziehungsweise selbst helfen zu dürfen. Innerhalb kürzester Zeit mussten juristische Wege gefunden werden, über die die Krankenhäuser die Hilfe aus der Zivilgesellschaft annehmen konnten, ohne dafür von der Regierung bestraft zu werden. Ein Dialog zwischen staatlichen Einrichtungen und

NGOs funktionierte in dem autokratischen, systemabhängigen Belarus kaum. Doch auch wenn die höchste Regierung zwar keine Bereitschaft zum Austausch zeigte, so haben ortsansässige Regierungsvertreter doch manchmal mit den jeweiligen Institutionen kooperiert und somit versucht, Hilfe dort ankommen zu lassen, wo sie dringend benötigt wurde.

Eine der größten Initiativen war *ByCovid*-19. Ihr Mitgründer Andrej Stryžak koordinierte den gesamten Prozess, beginnend bei den Spendensammlungen bis hin zur konkreten Hilfe vor Ort für Ärzt_innen und Erkrankte. Diese Initiative ist schnell populär geworden und zahlreiche weitere folgten ihr. Sie brachten viele freiwillige Aktivist_innen zusammen und die Menschen in Belarus konnten plötzlich sehen, wie viele sie sind und wie viel stärker sie sein können, wenn sie sich zusammentun. Dieses Gefühl gab vielen die Kraft, immer weiterzumachen und zu helfen. Das war die Geburtsstunde wahrer Solidarität unter den Belarus_innen, entstanden aus der Unzufriedenheit über den Umgang der Regierung mit der bedrohlichen Pandemie. Die neue Solidarität der Belarus_innen ebnete den Weg für den politischen Sommer 2020.

Wie der Wahlkampf begann

Die Unzufriedenheit in der belarusischen Bevölkerung erreichte ihren Höhepunkt, als Lukašenka die Parade für den *Tag des Sieges* am 9. Mai nicht absagte, wie es die aktuelle Pandemiesituation nahelegte. Sogar in Russland wurden die Militärparade und andere feierliche Aktivitäten um eineinhalb Monate verschoben. Für die Regierung war dieses Fest schon immer sehr wichtig, denn statt Trauer um die schrecklichen Geschehnisse während des Zweiten Weltkrieges (in postsowjetischen Ländern als »Großer Vaterländischer Krieg« bezeichnet) auszudrücken, wird dieser Tag als eine Art rauschender militaristischer Karneval zelebriert. Traditionell wird im Zentrum von Minsk stolz die Militärtechnik des Landes präsentiert und Lukašenkas unentbehrliche Rolle als Oberster Oberbefehlshaber der Republik Belarus demonstriert. Die Bilder in den Nachrichten zeigten, dass viele Belarus_innen an diesem Tag in die Stadt gekommen waren. Viele von ihnen nahmen die Pandemie genauso wenig ernst wie die Regierung – viele andere wurden jedoch zu der Teilnahme verpflichtet. Häufig hörte man, wie die Menschen die Siegesparade in diesem Jahr umbenannten: die »Todesparade«.

Einen Tag vor der Parade, am 8. Mai wurde das Datum für die Präsidentenwahlen bestimmt: Es sollte der 9. August sein, eine denkbar knappe Frist. So überschnitten sich die vielen Probleme, die die Pandemie hervorbrachte, mit den politischen Geschehnissen, und die Wahlkampagne begann. Laut der belarusischen Gesetzgebung musste jede Person, die als Präsidentschaftskandidat_in an den Wahlen teilnehmen wollte, bis zum 15. Mai eine sogenannte Initiativgruppe bei der Zentralen Wahlkommission registrieren lassen. Im Anschluss hatte die Initiativgruppe knapp vier Wochen Zeit, um mindestens 100 000 Unterschriften zu sammeln – erst dann konnte sich die_der Kandidat_in offiziell aufstellen lassen.

Innerhalb einer Woche wurden 55 Initiativgruppen von möglichen Kandidat_innen gegründet – eine Rekordzahl in der jüngsten Geschichte von Belarus und ein Zeichen für den Willen innerhalb der Gesellschaft, einen Wandel anzustoßen. Am 20. Mai wurden letztendlich 15 Initiativgruppen offiziell registriert, und sie konnten mit dem Sammeln der geforderten 100 000 Unterschriften beginnen. Wenn man diese Zahl mit den Gesetzgebungen anderer Länder vergleicht, dann stellt man leicht fest, dass sie beachtlich hoch ist. In Polen müssen es beispielsweise ebenso viele Unterschriften sein, jedoch ist die Gesamtbevölkerung dort ungefähr vier Mal größer als die von Belarus.

Von Beginn an sollte es den Kandidat_innen nicht leichtgemacht werden, bis zum Stichtag am 19. Juni die notwendige

Anzahl an Unterschriften zu bekommen. Sie mussten schnellst-möglich Informationsstände organisieren, um die Menschen erreichen zu können. Die enorme Bereitschaft der Belarus_in-nen, sich stundenlang bei jedem Wetter und egal an welchem Wochentag in langen Menschenschlangen aufzustellen, um ihre Unterschriften auf eine der Listen zu setzen, die nicht für Lu-kašenka war, überraschte viele Beobachter_innen. Viele sahen darin eine Art offiziell zugelassenen Protest gegen die Regierung. Es gab keine eindeutige Symbolik, keine Plakate oder Menschen, die ihren Unmut laut äußerten. Wenn sie von der belarusischen Presse gefragt wurden, warum sie da stehen und was es für sie bedeutet, antworteten die meisten, dass sie sich Verbesserungen der politischen und wirtschaftlichen Situation erhofften. Zudem waren sie über die Demütigungen und unzureichenden Behand-lungen während der Pandemie empört. Immer wieder haben die Menschen davon gesprochen, dass sie es leid sind, in stän-diger Angst zu leben, und dass sie nun aktiv dagegen vorgehen wollen.

Von YouTube zur Politik

Einer der bekanntesten Aktivisten war der Unternehmer und Videoblogger Siarhiej Cichanoŭski. Seit einem Jahr führte er einen beliebten YouTube-Kanal mit dem Namen *Strana dlia zhisni* (»Das Land fürs Leben«), der bereits 300 000 Abonnen-t_innen hatte – eine hohe Zahl für ein Land mit einer Bevölke-rung von 9,4 Millionen Menschen. Der Titel des Kanals orientiert sich an einem offiziellen Slogan der belarusischen Regierung, den sie in den vergangenen Jahren landesweit auf Plakaten zeigte: »Belarus ist ein Land fürs Leben«.

Cichanoŭski reiste durch das ganze Land, filmte in Städ-ten und auf dem Land und sprach mit den Menschen vor Ort. Durch seine Interviews und das Videomaterial wurde deutlich, dass viele Belarus_innen am Rande der Armut leben und unzufrieden sind. Durch die große Reichweite des Internets erfuhren immer mehr Menschen im Land, dass sie mit ihren Sorgen und Ängsten nicht alleine sind, und der Zusammenhalt wuchs.

Cichanoŭski bewegte sich mit seinen Äußerungen zwar oftmals nah an der Grenze zum Populismus und zeigte nur selten Alternativen für das Land auf, seine machtkritischen Reportagen aber waren einer der wichtigsten Schritte für den Zusammenschluss der Belarus_innen. Auf seiner Seite standen Menschen aus dem ganzen Land, darunter viele aus der Arbeiterschicht. Für sie war es zuvor nicht üblich, eigene Gedanken vor einer großen Menschenmenge zu äußern und angehört zu werden. Sie organisierten zu diesem Zeitpunkt zwar noch keine offenen Demonstrationen, aber immer häufiger nutzten sie offiziell zugelassene Formen von Menschenversammlungen, um ihre Meinung zu äußern.

Der Videoblogger initiierte eine Kampagne mit dem Titel »Stoppt die Kakerlake«, bei der er Lukašenka mit dem schnurrbärtigen Parasiten verglich. Diese Art der Desakralisierung war ein erfolgreicher Versuch, der Regierung ins Gesicht zu lachen und dadurch die eigene Angst abzuschütteln. Diese Protestkampagne wurde sehr beliebt, und die Menschen auf den Straßen brachten übergroße Kakerlaken und Hausschuhe zur sinnbildlichen Vernichtung des Plagegeists mit.

Cichanoŭski versuchte selbst eine Initiativgruppe anzumelden, wurde jedoch aufgrund formeller Fehler nicht zugelassen. Daraufhin meldete sich buchstäblich in letzter Sekunde vor dem Ablauf der Frist seine Frau Sviatlana Cichanoŭskaja an. Auf die Frage der Vorsitzenden der Zentralen Wahlkommission, Lidzija Jarmošyna, ob sie es wirklich wolle, antwortete sie später: »Ich habe immer davon geträumt.« Die Unterschriften wurden offiziell für Sviatlana gesammelt, doch jedem war klar, dass Siarhiej Cichanoŭskis Frau vor allem eine symbolische Rolle einnahm, die die Kampagne überhaupt erst möglich machte.

Die Regierung ließ sich dies allerdings nicht lange gefallen, und am 29. Mai wurde Siarhiej Cichanoŭski in Hrodna festgenommen, während er sich mit Bürgern unterhielt. Ihm wurde vorgeworfen, Polizist_innen angegriffen zu haben. Amateurvideos beweisen jedoch das Gegenteil. Sie zeigen, dass er sich in einer Menschenmenge aufhielt und die Polizist_innen die ganze Zeit mehrere Meter entfernt standen. Später berichteten Augenzeug_innen, dass plötzlich acht Minibusse der Polizei ohne Kennzeichen auftauchten, bevor die Festnahme erfolgte. Vermutlich steckte eine geplante Operation der Regierung dahinter, um Cichanoŭski aus dem politischen Spiel zu entfernen.

Doch eines hat der Staatsapparat nicht bedacht: Seit dem Beginn des Wahlkampfes demonstrierten die Menschen nicht unmittelbar *für* eine bestimmte Person, sondern offen *gegen* eine konkrete Person – den amtierenden Präsidenten. Sviatlana Cichanoŭskaja wurde erst im Verlauf des Wahlkampfs zu einem Symbol der Veränderung, auch wenn sie zuvor keine Erfahrung im politischen Betrieb sammeln konnte. Die Menschen, die auf die Straße gingen, waren gegen Lukašenka und seine erdrückende Macht, so dass fast jeder andere Kandidat mit Wohlwollen aufgenommen wurde, wenn er nichts mit dem aktuellen Regime zu tun hatte beziehungsweise gegen dieses Regime antreten wollte.

Mitglieder der Elite gegen Lukašenka

Wenngleich Siarhiej Cichanoŭski und Sviatlana Cichanoŭskaja Menschen aus dem Volk waren, so standen zwei weitere bedeutende Kandidaten aus der Elite des Landes als Kandidaten bereit – Viktar Babaryka und Valeryj Cepkala. Beide kannten das System und wollten es von Grund auf erneuern. Eine breite Masse respektierte sie, und ihre Wahlkampagnen stießen rasch auf große Resonanz.

Valieryj Cepkala hatte zu diesem Zeitpunkt bereits einen langen politischen und unternehmerischen Weg zurückgelegt. Bei den Präsidentschaftswahlen 1994 war er einer der Leiter des Wahlkampfbüros von Lukašenka und nach dessen Sieg wurde er zum stellvertretenden Außenminister von Belarus ernannt. In den Jahren 1997 bis 2002 vertrat er die Republik Belarus als Botschafter in den USA und Mexiko. Im Jahr 2005 gründete er zusammen mit anderen den erfolgreichen Belarus High Technologies Park (das belarusische Pendant zum Silicon Valley). Seit seiner Entlassung auf Befehl von Lukašenka im Jahr 2017 war Cepkala als internationaler Wirtschaftsberater tätig.

Im Mai 2020 startete Cepkala seine Wahlkampagne und überzeugte viele Belarus_innen durch seine Pläne zur wirtschaftlichen und politischen Verbesserung des Landes. Sein Programm war ähnlich wie das von Viktar Babaryka darauf ausgerichtet, Anhänger_innen für sanfte Reformen und die Liberalisierung der Wirtschaft zu gewinnen. Hinter ihm standen zahlreiche Belarus_innen aus der Mittelklasse der großen und mittelgroßen Städte.

Ebenso erfolgreich war die Wahlkampagne von Viktar Babaryka, der innerhalb von wenigen Wochen einen Stab mit Tausenden von offiziellen und freiwilligen Unterstützer_innen um sich versammelte.

Babaryka war von 2000 bis zum Mai 2020 der erfolgreiche Leiter der Belgazprombank, einer der größten Privatbanken von Belarus. Sie ist ein Tochterunternehmen der russischen Gazprombank, die enge Verbindungen zur Wirtschaft und Politik in Russland hat. Dadurch war es später möglich, Viktar Babaryka vorzuwerfen, ein Schützling Russlands zu sein, was jedoch niemals bewiesen werden konnte.

Babaryka war vielen Belarus_innen bereits seit Jahren als einer der tatkräftigsten Mäzene des Landes bekannt. Er war Mitbegründer der im Jahr 2008 ins Leben gerufenen karitativen Stiftung Chance, die sich um die medizinische Versorgung von Kindern kümmerte. Zusätzlich gründete er das Theaterfestival TEART und finanzierte Schenkungen der Gesamtausgabe der Nobelpreisträgerin Sviatlana Alieksijevič an belarusische Bibliotheken. Doch trotz einer Ehrenauszeichnung des Kulturministeriums nahmen einige Bibliotheken sein Geschenk nicht an, da Alieksijevič aufgrund ihrer progressiven Position und ihrer kompromisslosen Literatur als eine für die belarusische Regierung unerwünschte Autorin gilt. Nicht zuletzt ist Babaryka berühmt geworden, weil er den Kulturraum »OK16« gründete und weil er eine große Sammlung von Gemälden der sogenannten École de Paris erworben hat.

Seine in kulturellen Kreisen solide Reputation sicherte Babaryka die umfassende Unterstützung zahlreicher Privatpersonen, des Kulturbetriebs und einiger NGOs, die sich allesamt für positive Veränderungen und Innovationen einsetzten. Sein Engagement vor und während der Wahlkampagne war beispielhaft für ein umfassendes Programm, bei dem Belarus_innen aus verschiedenen Gesellschaftsschichten und unterschiedlichen Branchen zusammenarbeiten können. Auch seine Kandidatur führte zu einer stärkeren Etablierung und Konsolidierung der Mittelklasse – der Menschen, die immer häufiger ihre Stimme erhoben und für ihre Rechte einstehen wollten.

Die Anzahl der unterschiedlichen Kandidat_innen und die Bereitschaft der belarusischen Gesellschaft, sie zu unterstützen, waren ein deutliches Zeichen dafür, dass die Zeit für Veränderungen gekommen war. Die Menschen gingen auf die Straße und verliehen ihrer Stimme Ausdruck – sie hatten etwas zu sagen, wollten gehört werden und merkten, dass es vielen ihrer Landsleute genauso ging.

Die Veränderungen blieben von der Regierung nicht unbemerkt. Lukašenka hatte die Angewohnheit, die Dinge, die er nicht mochte, die aber nicht mehr zu verschweigen waren, mit einer gewissen Art sarkastischer Ironie und manchmal sogar offener Verachtung zu kommentieren. Er stellte die Menschen, die sich gegen ihn aussprachen, so dar, als seien es nur sehr wenige, und ließ sich immer neue Ausreden einfallen.

Die Spannungen nahmen jedoch immer weiter zu. Eine klare Spaltung zwischen der Regierung auf der einen Seite, mit ihren erniedrigenden Äußerungen über die Bevölkerung, und einem Teil der Bevölkerung auf der anderen Seite, der sich immer aktiver für Veränderungen einsetzte, führte zu immer mehr Konfliktpotenzial. Dadurch dass die Regierung ein so schlechtes Bild ihres eigenen Volkes zeichnete, schürte sie den Hass der Belarus_innen gegen den Machthaber, und die Kampagnen der alternativen Kandidat_innen gewannen immer mehr Zuspruch.

Die traditionelle Opposition hatte in den vergangenen Jahren immer wieder sehr starke Vertreter_innen, aber in der Regel wurden sie alle sehr schnell unterdrückt. Schon seit Beginn des autoritären Regimes wissen wir von vielen Repressionen, die die erstarkenden Gegner_innen vernichtet haben. Andersdenkende waren in Lukašenkas Belarus nie gerne gesehen und je mehr Druck und Gewalt gegen solche Aktivist_innen ausgeübt wurde, umso mehr wurden die anderen demoralisiert und entmutigt. Seit über 20 Jahren werden oppositionelle Gegner wie Viktar Hančar, Anatol Krasoŭski, Juryj Zacharanka, Dzmitryj Zavadski und viele anderen vermisst. Laut zahlreicher Vermutungen und Aussagen von Insidern wurden sie aller Wahrscheinlichkeit nach ermordet. Andere mussten das Land verlassen, um entweder in anderen Ländern ihre Aktivitäten weiterzuführen, oder sie gaben aus Angst vor dem Regime oder aus Frust auf.

Ein rechtzeitiges Erkennen und systematisches Neutralisieren von allen aufstrebenden Oppositionsführer_innen war eine konsequente und erfolgreiche Taktik der autoritären Regierung. Infolge der Ausschaltung jeglicher Konkurrenz gab es in der öffentlichen Wahrnehmung über lange Zeit hinweg niemanden außer Lukašenka. Er war die Nr. 1, und es gab keine Nr. 2, die im Falle eines Falles eine Alternative hätte werden und die Unterstützung des Volkes bekommen können. Der Thron blieb jahrzehntelang unangetastet, und der Herrscher schuf zusammen mit seinen Untertanen einen tiefen Graben vor dem Schloss – voller administrativer und krimineller Vorurteile, Verleumdungen, Abschiebungen, Gewalt und sogar Mord.

Das Wahljahr 2020 rief ungewöhnlich viele Präsidentschaftskandidat_innen hervor, und durch sie wehte eine Art frischer Wind durch das Land. Siarhiej Cichanoŭski, Sviatlana Cichanoŭskaja, Viktar Babaryka und Valieryj Cepkala konnten alleine aufgrund ihrer Bekanntheit nicht vom Regime ignoriert werden – wichtiger jedoch war noch, dass sie nicht vollkommen unterdrückt werden konnten. Für die belarusische Bevölkerung waren die neuen Strömungen unvorhersehbar und brachten innerhalb kürzester Zeit neue Hoffnung auf, dass dieses Mal tatsächlich etwas verändert werden könnte. Natürlich war es gerade für viele Ältere nicht einfach, nach so vielen Jahren der Unterdrückung, gleich an das Positive zu glauben und selber aktiv zu werden. Nicht zuletzt haben viele jüngere Belarus_innen frische und kreative Ideen miteingebracht, die für den weiteren Verlauf eine maßgebliche Rolle gespielt haben.

Wahlvorbereitungen und perfide Machtspiele

Während der Prozess des Unterschriftensammelns lief, fanden parallel die ersten öffentlichen Vorbereitungen für die Besetzung der Wahlkommission mit unabhängigen Mitgliedern und Beobachter_innen statt. Die Regierung hatte Wahlbeobachter_innen der OSZE eingeladen – allerdings hat sie das so spät getan, dass keiner mehr kommen konnte. Aus diesem Grund wurde eine sogenannte Graswurzelbewegung ins Leben gerufen. In diesem Fall eine politische und gleichzeitig gesellschaftliche Initiative, die aus der Basis der Bevölkerung entstehen und Wahlbeobachter_innen entsenden sollte. Bei der erst im Juni von einigen Bürger_innen gegründeten Plattform *Ehrliche Menschen*, meldeten sich innerhalb kürzester Zeit Tausende Freiwillige an, um sich dieser Aufgabe zu stellen. Sie mussten schnellstmöglich darüber informiert werden, was es überhaupt bedeutet, an dem Wahlprozess teilzunehmen, welche Abläufe es gibt und welche juristischen Aspekte zu beachten sind.

Die Bewegung *Ehrliche Menschen* versuchte, den Prozessen rund um die Wahlen so viel Transparenz und Öffentlichkeit zu verschaffen, wie es ihnen möglich war. Die Heimlichtuerei der Vergangenheit sollte endlich ein Ende finden. Diese Plattform und die damit verbundenen Tätigkeiten waren einer der zahlreichen Beweise dafür, dass die belarusische Gesellschaft dieses Mal von einem ganz neuen Standpunkt aus agierte. Die undemokratischen Prozesse zugunsten des Regimes waren an sich nichts Neues, aber noch nie zuvor wurden all diese Gesetzlosigkeiten so ausführlich dokumentiert, konsequent veröffentlicht und kritisiert. Die Belarus_innen waren endlich bereit, Ungerechtigkeiten aktiv zu bekämpfen sowie ihre Rechte einzufordern und zu verteidigen.

Das System duldete erwartungsgemäß keine Initiativen von Bürger_innen, die unabhängig – sprich unkontrolliert – am Wahlprozess teilnehmen wollten. Insgesamt meldeten sich knapp 3000 Menschen für eine Mitgliedschaft in der jeweiligen Wahlkommission an, zugelassen wurden jedoch lediglich zwölf von ihnen.

Die Festnahme von Siarhiej Cichanoŭski zeigte bereits früh, dass die alternativen Kandidat_innen mit starken Repressionen rechnen mussten. Am 11. Juni leitete die Abteilung für Finanzermittlungen des Staatlichen Kontrollkomitees ein Strafverfahren gegen Mitarbeiter_innen der Belgazprombank wegen des Verdachts auf Geldwäscherei und Steuerhinterziehung ein, deren Leitung Viktar Babaryka lange Zeit innehatte. Außerdem wurden ein paar Tage später 150 Gemälde von Künstler_innen der École de Paris im Wert von etwa 20 Millionen Dollar beschlagnahmt. Die Werke von Malern aus Belarus, die in Paris gearbeitet und teilweise gelebt haben, wie etwa Chaim Soutine, Léon Bakst und Marc Chagall, hatte Babaryka seit 2011 im Ausland erworben und in Belarus zu einer Dauerausstellung zusammengestellt. Die offizielle Begründung für die Beschlagnahmung der Werke, von denen die meisten nie zuvor in Belarus waren, lautete: »voraussichtliche Ausfuhr von Gemälden ins Ausland«.

Die Empörung der belarusischen Öffentlichkeit – insbesondere der Künstler_innen und Intellektuellen – folgte sofort. Eines der berühmtesten und teuersten Gemälde dieser Ausstellung, »Eva« von Chaim Soutine, wurde zu einem der großen Symbole der Proteste. Unter dem Hashtag #Evalution traten in den Sozialen Medien sofort zahlreiche visuelle Bearbeitungen von dem berühmten Gemälde auf: Eva in Gefängniskleidung; Eva, die von der Polizei festgenommen wird; Evas Bild in der Mitte der Nationalversammlung der Republik Belarus; Eva, die ihren Mittelfinger zeigt. Plötzlich liefen Menschen mit allen möglichen Versionen von Soutines Gemälde auf ihren T-Shirts durch die Straßen. Der Protest war offensichtlich, formell jedoch war es einfach nur ein schönes und nettes T-Shirt. Die Stärke solcher Protestästhetik lag in ihrer Friedlichkeit, aber auch in ihrer Klarheit.

Das Ausmaß der kulturellen Proteste und das der Repression gegen sie nahm zu. Ein paar Tage nach der Beschlagnahmung der Kunstwerke meldete sich der Kunstwissenschaftler und beliebte Museumsführer im Nationalen Kunstmuseum Mikita Monič zu Wort. Er veröffentlichte auf Facebook ein Gedicht, in dem er einen gewissen Aliaksandr für seine Maßnahmen ausgelacht und zugleich gebeten hat, die »Eva« zurückzugeben. Kurz danach wurde Monič entlassen. Das war das zweite Mal innerhalb von zwei Wochen, dass ein_e Autor_in wegen eines Gedichts entlassen wurde. Kurz zuvor hatte die belarusische Schriftstellerin Hanna Sieviaryniec ein Gedicht über Lukašenkas jüngsten Sohn Mikalaj geschrieben und daraufhin ihre Stelle als Lehrerin in einer staatlichen Schule bei Minsk verloren. Die beiden Gedichte und ihre Autor_innen sind schlagartig berühmt geworden, viele Menschen haben die Verse auswendig gelernt und zitierten sie in der Öffentlichkeit.

Das Vorgehen der Regierung, Andersdenkende zu bestrafen, selbst wenn sie nur friedliche und harmlose Gedichte schreiben, erinnerte viele Menschen an die Sowjetunion und ihre Art, mit unerwünschten Künstlern umzugehen: Immer wieder wurden sie aus ästhetischen oder politischen Gründen angeklagt, wie etwa Dmitri Schostakowitsch, Joseph Brodsky und Alexander Solschenizyn. Zugleich stieg das Ansehen dieser Künstler durch die Verfolgung bei vielen Menschen, die gegen das Regime waren. Diese Art der Verschiebung zeigte sich auch im Sommer 2020 in Belarus – Gedichte, Gemälde und andere Artefakte wurden mehr und mehr zu Instrumenten und wichtigen Symbolen der allgemeinen Proteste. Sie wurden massenhaft reproduziert, und mit der Zeit haben die Menschen auch neue Symbole kreiert.

Am 18. Juni, einen Tag bevor alle Unterschriften bei der Zentralen Wahlkommission eingereicht werden mussten, wurden Viktar Babaryka und sein Sohn Eduard festgenommen. Viktar hatte vorsorglich eine Generalvollmacht ausgestellt, mit der die Mitstreiter_innen aus seinem Stab die gesammelten Unterschriften einreichen konnten. Die Festnahme löste an jenem Abend eine starke Protestwelle aus. Menschen kamen ins Zentrum der Stadt, um sich in kilometerlangen Ketten zu formieren. Die Atmosphäre hatte trotz des überwiegend stillen Protests eine elektrifizierende Energie. An jenem Tag gab es ausnahmsweise keine Festnahmen.

Eine ganz andere Situation zeigte sich einen Tag später, als die letzten Unterschriften gesammelt werden durften. Die Belarus_ innen nutzten die offizielle Möglichkeit, auf die Straße gehen zu können, um friedlich zu protestieren. Die Mehrzahl von ihnen hatte bereits zuvor ihre Unterschrift auf eine der Listen der Alternativkandidat_innen gesetzt. Die Polizei versuchte jedoch, große Ansammlungen zu unterbinden, hinderte Journalist_innen an ihrer Berichterstattung und nahm willkürlich zahlreiche Menschen fest.

Zu dieser Zeit begann sich das Vorgehen der Polizei zu verändern. Immer häufiger wurden kleine Minibusse mit getönten Scheiben eingesetzt, meist ohne Kennzeichen oder mehrere Wagen mit identischem Kennzeichen. Statt der sperrigen Spezialkommandomontur trugen die Einsatzkräfte zivile Kleidung, ohne Erkennungsnummern oder Namensschilder, dazu Mundschutzmasken, so dass die Gesichter nicht zu erkennen waren. Die wegen der – in Belarus zwar offiziell nicht existierenden – Pandemie erforderlichen Schutzmaßnahmen wurden hier gerne von der Polizei angewandt… Sie waren Banditen der Macht, die die Menschen von den Straßen einfach wegraubten. Es gab sogar Teams, die sich auf die Verhaftungen von Journalist_innen fokussierten, damit so wenig Berichte wie möglich vor Ort entstehen konnten.

Die Proteststimmung und die harte Reaktion der Behörden hielten an und verstärkten sich allmählich mit jedem neuen Ereignis, das den demokratischen Charakter des Wahlkampfes beeinträchtigte. Am 30. Juni durfte Valieryj Cepkala nicht an den Wahlen teilnehmen, da die Zentrale Wahlkommission nur 75 000 von seinen 160 000 gesammelten Unterschriften akzeptierte. Am 14. Juli, während der Bestimmung der zukünftigen Präsidentschaftskandidat_innen, zog Lidzija Jarmošyna plötzlich, wie aus dem Nichts, ein Dokument des Staatlichen Kontrollkomitees hervor, demzufolge Viktar Babaryka der Steuerhinterziehung und Geldwäsche beschuldigt wurde. Trotz der

Tatsache, dass dieser Vorwurf weder vor Gericht gestellt noch untersucht wurde, stimmten die Mitglieder der Wahlkommission einstimmig dafür, Babaryka – der zu diesem Zeitpunkt bereits seit fast einem Monat in Haft war – nicht an den Wahlen teilnehmen zu lassen.

Die Verweigerung der Registrierung Babarykas löste noch größere Proteste aus, und die Konflikte in Minsk nahmen einen neuen Grad der Gewalt an. Eines Abends nahm das Sondereinsatzkommando der Polizei mehr als 250 Personen fest, während die Bürger_innen plötzlich Widerstand leisteten, was zu zahlreichen Kämpfen führte. Die Straßen von Minsk wurden zunehmend von der Energie des Widerstands als Reaktion auf die Polizeigewalt eingenommen. Am folgenden Tag stellte sich eine riesige 1,5 Kilometer lange Schlange vor dem Sitz der Zentralen Wahlkommission auf, um gegen die Entscheidung der Kommission Berufung einzulegen. Die Leute standen den ganzen Tag dort, bis die Kommission am Abend mitteilte, keine Anträge mehr anzunehmen.

Die Ablehnung der Registrierung starker Kandidat_innen wurde von vielen Belarus_innen erwartet. Bereits in der Vergangenheit gab es unter Lukašenkas Regime formell zwar Wahlen, aber diejenigen Kandidat_innen, die gute Aussichten auf Erfolg hatten und die Macht des Präsidenten gefährdeten, wurden nie zu den Wahlen zugelassen. So versuchte die Regierung auch im Präsidentschaftswahlkampf im Jahr 2020, jede Hoffnung auf Veränderung im Keim zu ersticken. Die Strategie der Behörden bestand darin, mit jeder neuen Wendung der Ereignisse die Menschen zu entmutigen, die Energie der Empörung und des Protests in Stücke zu zerfetzen und die Belarus_innen wieder in Apathie zu versetzen.

Zum Zeitpunkt des 15. Juli hatten tatsächlich alle Hauptakteur_innen der Opposition die politische Bühne bereits in Richtung Gefängnis oder ins Ausland verlassen – an ihrer Stelle gab es einen weißen Fleck.

Am 16. Juli 2020 geschah etwas Bedeutendes in der politischen Geschichte von Belarus: Die drei erfolgreichsten Oppositionskandidatinnen schlossen sich zusammen. Es waren drei Frauen, die die vom Regime festgenommenen oder vertriebenen Männer ersetzten: Sviatlana Cichanoŭskaja, die ursprünglich ihren im Gefängnis festgehaltenen Mann vertrat, Valieryj Cepkalas Ehefrau Vieranika und Maryja Kaliesnikava, eine Mitarbeiterin von Babarykas Stab. Da Cichanoŭskaja die einzige zugelassene Kandidatin der Opposition war, schlossen sich die beiden anderen Stäbe formell zu einer Koalition mit ihr zusammen und steckten all ihre Kräfte und Fähigkeiten in einen gemeinsamen Wahlkampf.

Eine solch scheinbar einfache und logische Entscheidung, alle Kräfte in eine Richtung zu vereinen, war etwas Einzigartiges in der belarusischen Geschichte, in der das Prinzip *Divide et impera* herrschte. Worauf sich die belarusische Opposition 26 Jahre lang nicht einigen konnte – nämlich all ihre Kräfte gegen einen und großen Feind zu vereinen –, gelang diesen drei Frauen nach eigenen Worten in 15 Minuten. Somit war ab diesem Zeitpunkt fast die gesamte Energie der Proteste in einem Strang gebündelt. Nicht alle Wähler_innen von Cepkala und Babaryka nahmen die Präsidentschaftskandidatin, die noch vor anderthalb Monaten eine gewöhnliche Hausfrau ohne politische Ambitionen war, ernst. Doch Sviatlana Cichanoŭskaja und ihre Mitstreiterinnen machten sich für den Wahlkampf eine sehr wichtige Strategie zu eigen: Da die Wahl ohne alle ernstzunehmende Alternativkandidat_innen bereits zur Farce geworden war, ergab es keinen Sinn, wegen ihrer Illegitimität ernsthaft um die Wahl zu kämpfen.

Sie legten ihr Hauptaugenmerk auf das Absetzen Lukašenkas und die Festlegung neuer, offener Wahlen mit allen Alternativkandidat_innen in den ersten sechs Monaten nach der offiziellen

Wahl – denn sie wollten, dass diese für ungültig erklärt wird. Der vereinte Stab rief die Belarus_innen zur aktiven Teilnahme an den Wahlen als Wähler_innen und Beobachter_innen auf.

Schon zu Beginn des Sommers konnte sich die Öffentlichkeit nicht einigen, wie sie sich bei den Wahlen verhalten sollte: boykottieren oder kämpfen. Nun hat die Opposition die Strategie der maximalen Wahlbeteiligung (und damit Aktivität) gewählt, weil der Boykott und die damit verbundene Apathie für die Behörden von Vorteil wäre. Mit der Genehmigung des nahenden Wahltermins Anfang August setzte das Regime hingegen auf eine schwache Wahlbeteiligung und damit auf einen größeren Spielraum für Manipulationen. Die Opposition kündigte dagegen die Entwicklung weiterer Mechanismen zur Überwachung der Wahlergebnisse sowohl online als auch offline an.

Die Taktik der Oppositionskandidat_innen erwies sich für die meisten Befürworter_innen von Veränderungen als überzeugend. So begannen sie, Cichanoŭskajas geplanten Weg als die einzig mögliche Alternative zu einer regulären Wahl wahrzunehmen. Der Koalition der drei Frauen und ihrer Kandidatur für die Präsidentschaftswahlen gelang es buchstäblich in letzter Sekunde, die Mehrheit der belarusischen Bevölkerung zu vereinen für den Wandel.

Damit begann die Phase des aktiven Wahlkampfes, die mit lediglich drei Wochen eine der kürzesten aller bisherigen Präsidentschaftskampagnen war. Dem vereinigten Stab gelang es dabei nicht nur, eine neue Hoffnung auf eine Veränderung zum Besseren zu geben – die Bilder von drei Frauen in weißer und roter Kleidung (Symbole der belarusischen Staatlichkeit vor Lukašenkas Zeit) waren ein neues, starkes und schönes Zeichen. Die Bilder eroberten in kürzester Zeit die Welt und lenkten den Blick auf Belarus. Oft bildeten die Frauen drei Symbole mit ihren Händen, dies waren gewissermaßen die Visitenkarten der drei Stäbe: Herz (Babaryka), Faust (Cichanoŭskaja) und das Victory-Zeichen (Cepkala). Diese verbanden sich sehr gut mit dem alten Slogan der belarusischen Opposition »wir glauben, wir können, wir gewinnen« (»vierym, možam, pieramožam«).

Bald überschlugen sich die Ereignisse: Streikposten starteten in ganz Belarus; Frauen aus dem vereinigten Stab nahmen täglich an zwei bis drei Demonstrationen in verschiedenen Städten des Landes teil. Ihre Kundgebungen gewannen schnell an Popularität und versammelten Tausende von Menschen – in den meisten Städten waren es die ersten Bürgeraktivitäten solcher Größe in ihrer Geschichte.

Cichanoŭskaja selbst machte einen unglaublichen Sprung – von einer schüchternen Hausfrau und umsorgenden Mutter wurde sie zu einer lebhaften politischen Person. Im Juli konnte man mit den Veränderungen in ihrem Auftreten kaum Schritt halten – nach und nach gewöhnte sich eine starke, schöne und selbstbewusste Frau an die Öffentlichkeit. Sie stand vor Tausenden von Menschen und sprach überzeugend und emotional über ihre persönlichen Erfahrungen, ihre Hoffnung auf ein neues freies Belarus und die Bedeutung des gemeinsamen Willens zur Veränderung. Sie strahlte Authentizität aus, die sie den Menschen nah erscheinen ließ – und das überwog ihren politischen Erfahrungsmangel. Wenn sie etwas nicht wusste, sagte sie es ganz offen. Aber wenn sie sich bei einem Thema auskannte oder intuitiv eine Meinung dazu hatte, konnte sie ihre Zuhörer mit ihren Worten überzeugen. Die Aufrichtigkeit ihrer Reden – eines Menschen, der in den Monaten zuvor viele Herausforderungen und Leid erlebt hatte und trotzdem weiterkämpfte – hat vielen von uns eine Gänsehaut bereitet und uns tief beeindruckt.

Dahingegen stellte Lukašenka während seines eher passiven Wahlkampfes seinen gewohnten Chauvinismus gegenüber Frauen deutlich unter Beweis. Bei einem Treffen mit Arbeitern des Minsker Traktorenwerks sagte er: »Unsere Verfassung ist nicht für eine Frau geschrieben. Die Gesellschaft ist nicht reif, eine Frau zu wählen, denn nach unserer Verfassung hat der Präsident starke Macht.« Für viele Belarus_innen war seine Aussage unverzeihlich.

Letztendlich schoss Lukašenka sich ins eigene Knie, indem er einer Frau die Teilnahme an den Wahlen erlaubte – was er nur tat, weil er eine Frau nicht als ernsthafte Gegnerin betrachtete. Am Ende musste er dabei zuschauen, wie falsch er lag.

Im Verlauf des sehr kurzen Wahlkampfes gewann das neue weibliche Triumvirat blitzschnell an Popularität. Lediglich elf Tage nach der ersten Kundgebung in Minsk und zahlreichen Demonstrationen in ganz Belarus organisierten drei Mitglieder des vereinigten Stabs am 30. Juli 2020 eine zweite große Mahnwache in der Hauptstadt. Trotz der Tatsache, dass diese Kundgebung an einem Werktag und nicht am günstigsten Ort der Stadt stattfand (die Behörden verboten Agitationskampagnen in wichtigen zentralen Teilen von Minsk), versammelten sich etwa 70 000 Teilnehmer_innen. Zu diesem Zeitpunkt war es die größte Kundgebung in Belarus seit dem Jahr 1991. Sie zeigte den Belarus_innen, wie viele von ihnen nicht gleichgültig waren und aktiv gegen das Regime auf die Straße gingen – es war ein weiterer Abend der Hoffnung.

Neben all der Organisation innerhalb des Landes hielten die Mitglieder des vereinten Stabes einige Kontakte mit Belarus_innen im Ausland aufrecht. Die Kommunikationsmöglichkeiten waren sehr begrenzt, und es durften dabei keine politischen Aktivitäten ersichtlich werden. Jeder Kontakt aus dem Ausland hätte von der gegenwärtigen Regierung als Beteiligung eines ausländischen Agenten gewertet werden können. Das Regime zeichnete gern das Bild vom ausländischen Feind, der laut Lukašenka »die Lage im Land destabilisieren will« und gegen den unmittelbar vorgegangen werden muss.

In zahlreichen Ländern der Welt organisierten sich Belarus_innen und wollten ihren Landsleuten ihre Unterstützung zukommen lassen. Nicht zuletzt war diese moralische Unterstützung für alle wichtig – das Gefühl, dass man eine geeinte Nation ist und einen gemeinsamen Beitrag zur Demokratie leisten möchte, obwohl Tausende von Kilometern die Menschen voneinander trennen und sie bis vor kurzem nichts voneinander wussten. Zum Glück wurden Wege gefunden, über die sich ausgetauscht werden konnte.

Ich war in Deutschland, eine Flugreise von meinem Heimatland entfernt, und begann immer mehr zu verstehen, dass das, was wir im Ausland taten, eine sehr wichtige Arbeit war, die jedoch eher in der Zukunft als in der Gegenwart helfen würde. Aber was in Belarus geschah, war unsere Gegenwart. Die Situation entwickelte sich fast stündlich neu, die Menschen erlebten täglich unvorstellbare Gesetzlosigkeiten, auf die sie vor Ort und sofort reagieren mussten.

Aus der Ferne sah ich, wie sich die belarusische Bevölkerung veränderte und das faszinierte mich sehr. Mir war zwar bewusst, dass ich im Ausland mehr tun konnte, aber gleichzeitig konnte ich mir von Tag zu Tag immer weniger vorstellen, in Deutschland zu bleiben. Viele meiner Landsleute in Deutschland, zu denen ich mittlerweile Kontakt aufgebaut hatte, wollten in unser Heimatland gehen. Aber sie konnten entweder nicht oder hatten Angst vor den Folgen einer Einreise. Auch ich erinnere mich an einen Abend im Juli, als ich ernsthaft überlegte, den nächstmöglichen Flug nach Minsk zu buchen. Ich wusste nicht, was mich dort erwarten würde, wie hoch das Risiko wäre, dass mein Name durch zahlreiche deutsche Medienberichte und weitere Informationsquellen für die belarusischen Sicherheitsdienste bereits ein Begriff ist. Wenn man in einem autokratischen Land aufgewachsen ist, kann man manchmal schwer die angelernte Angst von den Überlebensinstinkten unterscheiden. Doch was in meinem Heimatland geschah, ließ meine Verbundenheit mit meinen Landsleuten immer stärker werden, so dass ich meine Bedenken über Bord warf: Ich wollte so schnell wie möglich nach Belarus fliegen, um an ihrer Seite zu stehen.

Also flog ich am 4. August 2020 nach Minsk. Für den Fall der Fälle löschte ich einige Messenger-Dienste und andere Informationen auf meinem Computer und meinem Smartphone, um mich und viele andere Menschen zu schützen. Aber die Kontrolle am Flughafen erwies sich als überraschend gewöhnlich. Lediglich im Fenster der Zollbeamt_innen war eine neue Kamera installiert, die Fotos von den Gesichtern aller Ankömmlinge machte.

Registriert war ich in Viciebsk, aber ich wohnte abwechselnd bei meinen Eltern in Vilejka und bei Freund_innen in Minsk. Um zunächst nicht über GPS identifiziert werden zu können, benutzte ich nur ein altes analoges Mobiltelefon mit einer SIM-Karte meiner vor vier Jahren verstorbenen Großmutter. Doch dann wurde mir klar, dass die Gefahr, ins Gefängnis zu kommen, nicht allzu groß war; viele meiner belarusischen Freund_innen, die ebenso so aktiv wie ich in Deutschland waren und von dort nach Belarus kamen, wurden nicht inhaftiert. Also beschloss ich, dass ich diese besonderen Vorsichtsmaßnahmen nicht während meiner ganzen Reise einhalten muss.

Am Tag meiner Ankunft wurde ich von meinen Verwandten am Flughafen abgeholt und verbrachte den Rest des Tages mit ihnen in Vilejka. Am nächsten Tag fuhr ich sofort nach Minsk, wo ich seit Anfang Januar nicht mehr gewesen war. Aufgrund der Pandemie konnte ich im Frühjahr nicht dorthin fahren, und so fand ich mich in einer Stadt wieder, die bereits die ersten Monate der Pandemie und die sich überschlagenden Ereignisse des Wahlkampfes hinter sich hatte. Die Situation in Minsk wirkte zunächst ein wenig grotesk auf mich, denn ich konnte auf den ersten Blick nicht viel von den epidemiologischen und politischen Geschehnissen der letzten Monate erkennen. Als Erstes fiel mir auf, dass fast niemand eine Maske trug. Es gab eine gewisse Unachtsamkeit gegenüber dem in Deutschland und der ganzen

Welt alles bestimmenden Coronavirus. Hier war es anscheinend kein besonders wichtiges Thema.

Für die Regierung galt in Bezug auf die Pandemie nach wie vor der Leitsatz: Keine Panik, nur gute Zahlen. Andernfalls hätten sie Maßnahmen ergreifen müssen. Die Anerkennung von höherer Gewalt und die daraus folgende Verantwortung des Staates für seine Bevölkerung lagen nicht in dessen Sinne.

Diejenigen, die alternative Informationen über das Coronavirus und seine Ausbreitung veröffentlichten, stellten sich damit gegen die Politik des Staates und wurden dafür bestraft. Einige Mitarbeiter_innen medizinischer Einrichtungen wurden entlassen, weil sie ihre Position offen zum Ausdruck brachten. Was das Engagement der Bürger_innen in Bezug auf Corona betraf, so drohte ihnen die gleiche Reaktion wie im politischen Bereich. Eine von der offiziellen Sichtweise abweichende Meinung zu äußern konnte den Verlust des Jobs nach sich ziehen oder sogar Schlimmeres.

Was mich bei meiner Ankunft in Minsk auch überraschte, war die scheinbare Normalität des Lebens auf der Straße. Auf den ersten Blick sah alles wie gewöhnlich aus und die Protestsituation, die ich in Deutschland durch die Medien verfolgt hatte, war nur bei genauem Hinsehen zu finden. Die Menschen gingen zur Arbeit, Passant_innen spazierten durch die Stadt, und der Verkehr lief wie gewohnt weiter. Symbole des Protests schienen fast unsichtbar zu sein. Zunächst verrieten mir nur kleine, leicht übersehbare Inschriften auf Gebäuden, Säulen oder direkt auf der Straße, dass sich etwas verändert hatte.

Mit jedem Tag, den ich länger in der Stadt verbrachte, begann ich eine Spannung wahrzunehmen, die Luft schien wie elektrisiert zu sein. Ich entdeckte immer wieder Menschen, die die T-Shirts mit dem veränderten Bild der Eva von Chaim Soutine oder einfache weiße Armbänder trugen.

Die weißen Armbänder waren ein neues Symbol des Protests und stammten aus einer Initiative des gemeinsamen Stabes. Zu

Beginn der Wahlkampfperiode verwiesen Cepkala, Cichanoŭskaja und Kaliesnikava auf verschiedene Möglichkeiten, wie das Regime versuchen könnte, die Wahl zu manipulieren. Sie sprachen sich dafür aus, die vorzeitige Stimmabgabe zu vermeiden, die am 4. August offiziell begann. Die Erfahrung der vergangenen Jahre hatte gezeigt, dass gerade bei der vorzeitigen Stimmabgabe eine große Anzahl von Stimmen aufgrund fehlender Beobachter_innen gefälscht wurden. Darüber hinaus schlugen die Frauen vor, die Stimmzettel bei den Wahlen am 9. August auf eine besondere Art zusammenzufalten, so dass man bereits in der Wahlurne – diese sind in Belarus meist transparent – sehen konnte, wie viele Menschen ungefähr für Cichanoŭskaja gestimmt hatten. Als weitere Visualisierung der eigenen politischen Position schlugen sie das Tragen weißer Armbänder vor und nach der Wahl vor. So sollte die große Anzahl an Befürworter_innen der Opposition stets zu sehen sein.

Auf diese Weise wurde die Farbe Weiß zu einem Symbol der Kraft des Geistes, der Erneuerung und der Hoffnung. Und diese Farbe begann den Alltag von Belarus einzunehmen. Während ich durch die Straßen von Minsk lief, fielen mir immer häufiger die weißen Armbänder auf. Die Menschen trugen sie nicht nur am Handgelenk, sondern auch an Kleidungsstücken, Taschen oder im Haar. Sogar das Tragen weißer Kleidung wurde zu einer Variation, seine politische Position zum Ausdruck zu bringen.

Meine persönlichen Protestattribute waren weiße Armbänder und ein selbstgestaltetes T-Shirt mit dem Bild von Soutines Eva. Durch das Erscheinungsbild der Menschen auf den Straßen bildete sich eine Art Protestsubkultur, eine Spaltung zwischen den Belarus_innen, die den Wandel wollten, und allen anderen. Nicht nur ich suchte nach Symbolen von Passant_innen, sondern sie sahen auch meine und reagierten darauf mit einem verständnisvollen Blick, einem Lächeln oder dem Victory-Zeichen.

Zusätzlich zu den visuellen Zeichen des Protests gab es auch akustische: Immer häufiger begegnete man auf den Straßen von Minsk und anderen Städten Menschen, die plötzlich in die Hände klatschten. Slogans durften seit einigen Jahren nicht mehr gerufen werden, und als sie für illegal erklärt wurden, begannen die Menschen sich zu versammeln und zu applaudieren – dieser Klang war mittlerweile zu einem Symbol für die Solidarität mit der belarusischen Opposition geworden.

Die erste wichtige Kundgebung in Minsk, an der ich teilnehmen wollte, war eine Demonstration von Cichanoŭskaja und ihren Mitstreiter_innen am 6. August im Park der Völkerfreundschaft. Es sollte der dritte und größte Streikposten in Minsk werden. Aber zwei Tage zuvor begannen die belarusischen Behörden unerwartet und vollkommen willkürlich, Streikposten der Opposition in ganz Belarus aufzulösen und Teilnehmer_innen festzunehmen. Häufig wurden Vorwände wie dringende Reparaturen und Baumaßnahmen genannt. In anderen Fällen sollten plötzlich kostenlose Konzerte berühmter Künstler_innen aus Belarus, Russland, den USA und zahlreichen anderen Ländern stattfinden und daher würden die Plätze nicht für die Veranstaltungen der Opposition zur Verfügung stehen. Als die Menschen herausfanden, dass es sich bei den Konzerten lediglich um Ablenkungsmanöver handelte, begannen sie massenhaft auf den Webseiten der angekündigten Künstler_innen Nachrichten zu hinterlassen. Sie schrieben ihnen, dass ihre Teilnahme an solchen Konzerten einer Unterstützung der Diktatur Lukašenkas gleichkomme, und baten sie, ihre Auftritte abzusagen. Innerhalb weniger Stunden erhielten die Künstler_innen Tausende solcher Kommentare und es zeichnete sich schnell eine Wirkung ab: Fast alle Musiker_innen weigerten sich, nach Belarus zu kommen. Es gab nur noch wenige lokale Künstler_innen und staatliche Kultureinrichtungen, von denen einige entweder auf Druck der Behörden auftraten oder mehr am Geld als an ihrem politischen Gewissen interessiert waren.

Cichanoŭskaja versuchte als Antwort auf die Versuche der Regierung, ihre Veranstaltungen nicht stattfinden zu lassen, an kleineren Feiern teilzunehmen. So kündigte sie einen Besuch auf einem Fest einer kleinen Bildungseinrichtung an und sagte dazu: »Nicht als Politikerin, sondern als Bürgerin möchte ich nun an dieser Veranstaltung teilnehmen.« Somit konnte ihr nicht der Vorwurf gemacht werden, eine politische Veranstaltung zu organisieren. Viele ihrer Anhänger_innen verstanden ihre Andeutung und kamen zu dieser Feier.

Ich ging mit einer Freundin, der Komponistin Volha Padhajskaja, zu diesem Treffen. Ich schaute mir all diese Menschen an – Jung und Alt, einige kamen vorbereitet hierher, mit Plakaten und Protestsymbolen, andere kamen direkt von der Arbeit – und verstand, dass ich ab diesem Zeitpunkt aktiver Teilnehmer an historischen Ereignissen war. Es war das erste Mal seit Dezember 2010, dass ich an einer so großen Kundgebung in Belarus teilnahm. Mir wurde klar, dass es eine großartige Sache war, an einer so großen unautorisierten Kundgebung in Belarus teilzunehmen und zwischen all den Menschen zu stehen, die aus den gleichen Gründen wie ich hier waren. Im Vergleich zu Belarus_ innen im Ausland trafen sie sich nicht mit Politiker_innen und Aktivist_innen an sicheren Orten westeuropäischer Länder, um die politischen Prozesse in ihrem Heimatland zu beeinflussen. Sie standen mit dem hohen Risiko, festgenommen zu werden, für ihre Überzeugung ein und versuchten unmittelbar, die Zukunft von Belarus mitzubestimmen.

An jenem Abend geschah ein wichtiges historisches Ereignis. Zwei DJs aus dem örtlichen Haus der Jugend, Uladzislaŭ Sakaloŭski und Kiryl Halanaŭ, die die ursprünglich regierungsfreundliche Veranstaltung mitgestalteten, sorgten für eine musikalische Ablenkung inmitten des Auftritts eines besonders engagierten Lukašenka-Künstlers. Um genau 19 Uhr – der ursprünglich geplanten Zeit für den Start der Oppositionsveranstaltung – spielten sie in voller Lautstärke Wiktor Zois Lied

»Veränderungen«. Dieses Lied aus den 1980er Jahren gilt dank seines Textes (»Veränderungen verlangen unsere Herzen…«) als eine Form des Protests durch die Musik. Noch meine Großmutter erzählte mir von der Zeit der Perestroika, als dieses Lied zu einem Symbol des Protests gegen das Regime wurde, welches sich viele Menschen anhörten und hoffnungsvoll mitsangen. Das Lied manifestierte sich damals als Ausdruck für eine bürgerliche Position.

Als die DJs das Lied im Park auflegten, verstanden viele Anwesenden zunächst nicht, was passiert war, und wunderten sich über die Protestmusik bei einer offiziellen regierungsfreundlichen Veranstaltung. Doch schon bald jubelte die ganze Menge, begann zu applaudieren und stimmte in den Text des Liedes ein. Das Sicherheitspersonal zog die Stecker aus allen Lautsprechern, um die Wiedergabe eines unausgesprochen verbotenen Liedes zu unterbinden. Währenddessen standen beide DJs nebeneinander, ihre Hände mit dem Victory-Zeichen und weißen Armbändern am Handgelenk erhoben. Kurze Zeit später wurden sie verhaftet und am folgenden Tag zu zehn Tagen Gefängnis verurteilt. Als sie aus dem Gefängnis entlassen wurden, verließen sie aus Angst vor dem Regime sofort Belarus.

Doch ihr legendärer Auftritt hinterließ seine Spuren: In ganz Belarus kannte man die Namen der musikalischen Helden, das Foto der beiden, die mit dem erhobenen Victory-Zeichen an die Freiheitsstatue in New York erinnerten, wurde zur Ikone. Zahlreiche Künstler_innen machten verschiedene Installationen aus diesem Foto. Das Bild landete als Graffiti an Häuserwänden der Städte und Dörfer. Besonders berühmt wurde der Innenhof in der Čarviakoŭstraße in Minsk, in dem zahlreiche Graffitis zu finden waren. Die Polizei und Stadtwerke entfernten die Graffitis immer wieder und lösten auch spontane Konzerte an diesem Ort gewaltsam auf. Dutzende Male wurde daraufhin das Bild der DJs erneut an die Wände gesprüht. Die Minsker haben den Innenhof im Laufe der Zeit in Anspielung auf Zois Lied in »Platz der Veränderungen« umbenannt. Einige Monate später wurde dort der Künstler Raman Bandarenka getötet, als er versuchte, mit den in Zivil gekleideten Menschen zu sprechen, die das Graffiti und die weiß-rot-weißen Bänder zerstören wollten.

Die letzten Tage vor der Wahl

Die verbleibenden Tage vor der Wahl verbrachte ich an verschiedenen Orten, manchmal im Kreis meiner Freund_innen und dann wieder alleine auf den Straßen von Minsk. Im Stadtzentrum herrschte immer deutlicher eine unglaubliche Atmosphäre der Spannung und Solidarität. Die Autos hupten ohne Unterbrechung, die Menschen gingen die Straße entlang oder standen an einer Kreuzung und hoben ihre Arme mit den weißen Bändern am Handgelenk in die Höhe. Ich beobachtete, dass dies meist in einem Zusammenspiel geschah und als Zeichen der Solidarität gemeint war. Normalerweise heben die Fußgänger_innen als Reaktion auf die hupenden Autos in Minsk ihre Hände, nach dem Motto: alles in Ordnung, kein Grund zur Aufregung. Aber was nun passierte, geschah genau andersherum: Die Passant_innen hoben ihre Hände mit den weißen Bändern und die Autofahrer_innen reagierten als Zeichen ihrer Zustimmung mit der Hupe. So entdeckte ich im August 2020 einen neuen akustischen Protest im Alltag von Minsk. Wir badeten in diesem ohrenbetäubenden Hupen, es klang wie das tausendstimmige Horn eines Dampfers, der uns nach einer unbeschreiblich langen und ziellosen Fahrt auf dem Ozean in einen sicheren Hafen fuhr. Dieses Geräusch hatte ich jeden Abend in meinen Ohren, wenn ich zu Bett ging.

Eine andere Form des Protests bildeten die Radfahrer_innen. Sie schlossen sich in großen Gruppen zusammen und organisierten lange Radtouren durch die Städte. Sie grüßten die Passant_innen mit ihren Fahrradklingeln. Ihre Signale wirkten auf mich wie der Klang chinesischer Glocken, so als ob ihre Prozession ein freudiges Ritual mit ihrer geheimen Botschaft wäre. Die Fußgänger_innen erwiderten das Geräusch der Fahrradklingeln indem sie lächelnd die Hand mit ihrem weißen Band hoben. Zunächst wurde gegen die Protestler_innen auf ihren Fahrrädern nichts unternommen, da die Regierung vermutlich noch überlegen musste, wie sie mit ihnen umgehen sollte. Doch im August ging die Polizei und sogar das Militär plötzlich sehr hart gegen sie vor. Sie jagten die Radfahrer wie Raubtiere, die hinter ihren Opfern herlaufen, und stießen sie bei voller Fahrt vom Fahrrad. Einige von ihnen wurden direkt samt Fahrrad in bereitgestellte Transporter gesteckt. Manchmal blieben Fahrräder wie Überreste auf einem Schlachtfeld einfach auf dem Boden liegen, die dann von Passant_innen vorsichtig aufgehoben und in der Hoffnung, ihre entführten Besitzer_innen irgendwann wieder zu finden, gelagert wurden.

Wenn ich mit Freund_innen in der Stadt unterwegs war, sahen wir auch immer wieder Kleinbusse mit getönten Scheiben und ohne Kennzeichen an uns vorbeifahren. Häufig hielten sie in unserer unmittelbaren Nähe und schwarz gekleidete Personen stiegen aus, die beliebige Passant_innen anschrien und festhielten. Zusätzlich zu den spontanen Verhaftungen bestand eine ihrer Funktionen darin, uns Angst einzujagen und zu zeigen, dass wir alle unter ständiger Beobachtung standen. Aber wir ließen uns nicht einschüchtern und verließen die Straßen nicht.

Den 8. August 2020, einen Samstag, verbrachte ich in der Provinz außerhalb von Minsk. Sławomir Sierakowski, ein Bekannter von mir aus Polen und Gründer und Leiter einer großen politischen Zeitung namens »Krytyka Polityczna« (»Politische Kritik«), kam ebenfalls einige Tage vor der Wahl nach Belarus. Sławomir erklärte mir, dass die »Krytyka« viele politische und öffentliche Veranstaltungen thematisiert, bisher aber nicht ausführlich die Geschehnisse im Nachbarland Belarus betrachtet hatte. Er versuchte, Mitarbeiter_innen der Zeitung zu finden, die es wagen würden, nach Belarus zu reisen, um von innen heraus über die Ereignisse zu berichten. Er fand aber niemanden, die_ der sich das traute. Die Menschen vermieden es aus verschiedenen Gründen, in unser Land einzureisen, nicht zuletzt wegen der Schwierigkeiten bei der Akkreditierung als Journalist_innen und den damit verbundenen Gefahren. Aus diesem Grund beschloss Sławomir auf eigenes Risiko selbst nach Belarus zu kommen – offiziell nicht als Journalist, sondern als Forscher und Blogger. Ich gehörte zu denen, die ihm bei seinen Recherchen geholfen haben.

So fuhren wir an diesem Samstag in kleine Städte und Dörfer der Region Minsk, um mit zufällig ausgewählten Passant_innen zu sprechen. Es ging darum, die Einstellung der Menschen aus der Provinz zu verstehen; wie sie in den Wahlprozess eingebunden sind; was sie über die aktuelle Situation in ihrem Land denken; und wie sich ihre Meinungen von denen der Großstadtbewohner_innen unterscheiden. Sławomir war auch ausdrücklich daran interessiert, Menschen zu finden, die das Lukašenka-Regime befürworten.

Uns war bewusst, dass unser Unterfangen ein nicht ungefährliches Abenteuer war. Unabhängige soziologische Umfragen waren seit 2016 in Belarus verboten, das Monopol auf soziologische Forschungen im Land lag ausschließlich bei den Behörden. Zudem waren die Menschen in der Provinz nicht an das Auftauchen von übermäßig neugierigen Unbekannten auf der Straße gewöhnt; es bestand die Gefahr, dass sie aus Misstrauen die örtliche Polizei rufen. In diesem Fall wären wir mit ziemlicher Sicherheit verhaftet worden, Sławomir wäre abgeschoben worden, und ich konnte mein Schicksal nur erahnen. Also dachten wir uns eine Legende über einen Forscher der belarusischen Kultur und Gesellschaft und dessen Übersetzer und Fahrer aus, mieteten ein Auto und machten uns leicht nervös auf den Weg.

Unsere erste Station war das Dorf Papiernia, kurz nachdem wir Minsk verlassen hatten. Wir fanden ein Geschäft (das einzige im Dorf), stiegen aus und begannen damit, auf Passant_innen zu warten. Die erste Person, der wir begegneten, war eine Frau namens Natallia. Sie sprach sehr freundlich mit uns, versuchte aber, politische Themen auf jede erdenkliche Weise zu vermeiden, und wich bei all unseren Fragen nach Macht und Veränderungen aus und sprach lediglich über ihren »inneren Frieden und Dialog mit sich selbst«. Von allen Personen, die wir an diesem Tag interviewten, war sie jedoch die einzige, die uns eine Videoaufnahme erlaubte. Alle anderen Personen wollten lieber inkognito bleiben.

Für uns war Natallias Position zu unklar und ausweichend, so dass wir unsere Suche nach einem geeigneten Interviewpartner in Papiernia fortsetzten. In diesem Moment fuhren ein Junge und ein Mädchen auf einem Fahrrad an uns vorbei, die nicht mit uns sprechen wollten, uns aber ihre weißen Armbänder zeigten und lächelten. Einige Meter weiter hörten wir plötzlich laute Stimmen von Männern, die miteinander diskutierten. Ich hörte ihnen eine Weile zu: Sie sprachen über Politik, wobei etwa fünf Personen einen Mann anschrien, der versuchte, den anderen etwas zu beweisen. Als wir näher kamen und ich mit ihnen ein Gespräch beginnen wollte, beschimpfte uns einer von ihnen sehr aggressiv. Die Gefahr einer Schlägerei und vor allem eines Polizeieinsatzes war zu hoch, so dass wir etwas zurücktraten. Aber einer der Männer kam auf uns zu und sprach mit uns. Er war ein älterer Herr und es stellte sich heraus, dass er versuchte, den anderen Männern zu beweisen, dass die gegenwärtige Regierung ihr Volk betrügt und dass Belarus freie Wahlen braucht. Erst bei einem weiteren Blick fiel mir auf, dass er ein weißes Armband um sein Handgelenk gebunden hatte. Er erzählte uns von dem schwierigen Leben in der Provinz, dem Mangel an Freiheit und den ständigen Lügen und Erniedrigungen, die er während der gesamten Zeit von Lukašenkas Herrschaft erleben musste.

Nach einem kurzen Gespräch bedankten wir uns bei dem älteren Herrn und verabschiedeten uns. Wir wollten weiterziehen, da es uns in der Nähe der anderen Männer doch zu unsicher war, die noch immer über uns diskutierten. Als wir zu unserem nächsten Halt fuhren, dachte ich immer wieder daran, wie dieser Mann unter all den aggressiven Wölfen lebte, die bereit waren, ihn zu fressen, und wie stark er sein musste, um seine Stimme trotzdem zu heben.

Am Rand der Siedlung Radaškoviçy trafen wir eine ältere Frau. Sie lobte Lukašenka und schimpfte über die Jugendlichen, die zum Protestieren auf die Straßen gingen. Auf unsere Frage »Wie lebt man hier?« antwortete sie jedoch auf bedrückende Weise, dass es schwer sei, weil die Gehälter und Renten gering seien, es für junge Leute schwierig sei, eine Arbeit zu finden, und viele Menschen nach Minsk oder ins Ausland gingen. Aber als wir sie fragten, warum sie die gegenwärtige Regierung in der Person Lukašenkas dann lobte, antwortete sie uns absolut überzeugt, dass »es nicht seine Schuld ist«. In meinem Leben war ich dieser Position, die häufig von der älteren Generation vertreten wird, schon sehr häufig begegnet.

Nur wenige Schritte von dieser betagten Frau entfernt trafen wir auf einen Mann, der uns erzählte, dass er in der Vergangenheit im örtlichen Wahllokal Dutzende von Fälschungen beobachtet und bereits im Juli einen Antrag auf eine Ernennung zum unabhängigen Wahlbeobachter gestellt hatte. Er wollte, dass es bei der morgigen Wahl anders ablief. Die Stellen der unabhängigen Beobachter_innen seien jedoch, wie ihm gesagt wurde, schon lange im Vorfeld besetzt worden. Aus diesem Grund hatte er sich dazu entschlossen, zumindest außerhalb des Wahllokals als unabhängiger Wahlbeobachter aufzupassen. Ihm lag anscheinend sehr viel daran, dass sich an der aktuellen politischen Situation etwas änderte. Bereits einige Monate zuvor hatte er damit begonnen, in seiner Nachbarschaft aktive Aufklärungsarbeit zu betreiben und er erzählte uns stolz, dass von allen Bewohner_innen in seinem Bezirk, mit denen er gesprochen hatte, etwa 70 Prozent für Cichanoŭskaja waren.

Wir fuhren an diesem Tag in zahlreiche Städte und Dörfer und fanden immer wieder Menschen, die dazu bereit waren, mit uns zu sprechen. Leider gab es mindestens ebenso viele Menschen, die Angst davor hatten und uns mit einer Floskel abwehrten – »Es geht uns gut, man muss nichts fragen«. Während der Vorbereitung zu unserer Tour fand ich sogar eine Aktivistin in meiner Heimatstadt Vilejka, die sich für Lukašenka einsetzte. Ich bat um ein Treffen mit ihr. Sie sagte jedoch am Telefon, dass sie sich mit ihren Vorgesetzten beraten müsse, und wollte ganz genaue Informationen vorab schriftlich bekommen, in denen enthalten sein sollte, wer wir sind und für welche Publikation unsere Forschungen seien. Es schien uns als zu gefährlich, in die Höhle des Feindes zu gehen und unsere Daten vollständig preiszugeben. Dennoch war diese Reise für uns beide eine erstaunliche Erfahrung, denn wir trafen zahlreiche Belarus_innen mit den unterschiedlichsten Meinungen – für und gegen Lukašenka, für die Integration mit Russland, für den Beitritt zur Europäischen Union und für die Wahrung der Unabhängigkeit… Es war uns zwar nicht möglich, eine klare Tendenz unter allen Befragten auszumachen. Aber uns sind ziemlich regelmäßig Menschen jeden Alters mit weißen Armbändern begegnet. Und ebenso häufig sahen wir kleine und große Protestgraffitis an Zäunen, Garagen und Hauswänden.

9. August 2020

Stimmabgabe in Vilejka

Schließlich kam der lang erwartete Wahltag. Ich bin zur Abstimmung in meine Heimatstadt Vilejka gefahren, musste dies jedoch zunächst mit dem Wahllokal in Viciebsk abklären, da ich für meinen Aufenthalt dort registriert war. Meine Eltern hatten bereits am Morgen des 9. August gewählt, und als ich in Vilejka ankam, begann die, wie ich bereits erwartet hatte, nicht sehr vertrauenswürdige Prozedur. Eine Frau aus dem Wahllokal ging in einen anderen Raum (in den ich nicht hineingehen durfte) und rief von dort aus das Wahllokal in Viciebsk an, um zu überprüfen, ob mein Name dort ursprünglich registriert war. Ein paar Minuten später kam sie zurück und bestätigte, dass mein Nachname dort tatsächlich von der Liste gestrichen wurde. Nachdem ich gewählt hatte, rief ich selbst noch einmal in Viciebsk an. Für alle Fälle hatte ich mir die Nummer des dortigen Bezirks notiert, um mich selbst davon überzeugen zu können. Ein Mann mit einer ziemlich jungen Stimme antwortete sofort auf meine erste kurze Frage: »Ja, ja, das wissen wir schon.« Ich war überrascht, dass er nicht einmal nach meinem Nachnamen fragte und mir nicht sagte, dass ich durchgestrichen wurde. Ich bat ihn nochmals, meinen Namen zu streichen, und er sagte, dass er es bereits getan habe. Mein chronisches Misstrauen gegenüber unserem Wahlsystem hinderte mich jedoch daran, mich zu beruhigen.

Über soziale Netzwerke fand ich schnell eine Bekannte in Viciebsk, die in der Nähe meines Wahllokals wohnte. Sie erklärte sich dazu bereit, dorthin zu gehen, um sich als eine entfernte Verwandte von mir auszugeben und darum zu bitten, die Liste mit meinem gestrichenen Namen sehen zu können. Sie berichtete mir, dass mein Name lediglich mit einem kaum sichtbaren Bleistiftpunkt markiert wurde. Als sie dies erkannte, forderte sie die Mitarbeiter_innen des Wahllokals dazu auf, meinen Namen mit einem nicht zu entfernenden Stift direkt vor ihren Augen durchzustreichen – was sie widerwillig taten, da einige anwesenden Wähler die Situation mitbekamen.

Dadurch erfuhr ich unmittelbar, welche Methoden die Mitglieder der Wahlkommissionen unter anderem anwandten, um die Wahl zu manipulieren. Natürlich sollte mein Name nicht durchgestrichen werden, da er als »tote Seele« benutzt werden konnte, um eine manipulierte Stimme zugunsten Lukašenkas abzugeben. Hätte mein Misstrauen mich nicht gewarnt, dann hätte die gefälschte Stimme meine »richtige« Stimme aufgehoben. Der Vorfall war eine weitere Bestätigung für die Verbrechen des Regimes.

Während ich meinen Wahlzettel in den Händen hielt, führte ich zudem weitere Prüfungen durch, um die Echtheit des Zettels sicherzustellen. Denn manchmal fehlten die notwendigen Unterschriften oder es gab kleine, kaum sichtbare Punkte in den Feldern für verschiedene Kandidat_innen – beides erlaubte der Wahlkommission solche Stimmzettel während der Auszählung als ungültig zu erklären. Mein Stimmzettel war jedoch in Ordnung. Nachdem ich meine Stimme abgegeben hatte, folgte ich weiteren Vorsichtsmaßnahmen, die Cichanoŭskajas Stab zuvor empfohlen hatte. Ich fotografierte den Stimmzettel von beiden Seiten, faltete ihn zusammen und gab ihn in die Wahlurne.

Das Fotografieren der Stimmzettel war eine der wichtigsten Initiativen der Opposition zur Überwachung des Wahlprozesses.

Im Juli begannen unabhängige Vertreter der belarusischen

IT-Industrie mit der Entwicklung einer Online-Plattform, die eine Alternative zur regulären Stimmenauszählung darstellen sollte. Sie schafften es, innerhalb weniger Wochen eine sichere und geschützte Plattform bereitzustellen, auf der sich bis Anfang August etwa 1,2 Millionen Belarus_innen registrierten. Jede Anmeldung war an eine belarusische Mobilfunknummer gebunden, da SIM-Karten in Belarus nur durch die Registrierung des Passes erworben werden können. Dies minimierte den eventuellen Missbrauch der Plattform enorm. Die Funktionsweise war ganz einfach: Nach einer schnellen und übersichtlichen Registrierung war es notwendig, sein Wahllokal und die Kandidat_innen auszuwählen. Im nächsten Schritt musste man die Fotos des Stimmzettels hochladen. Danach wurden die Daten verschlüsselt, so dass keine_r der Entwickler_innen des Systems Zugang zu den Informationen hatte. Die Auszählung aller Stimmen und das Endergebnis sollten spätestens in der zweiten Augusthälfte erfolgen.

Das Regime war erzürnt, da es sein Monopol im Wahlkampf bedroht sah. Am 8. August wurde die Plattform daher für illegal erklärt und kurze Zeit später sogar blockiert, so dass sie nicht mehr aufgerufen werden konnte. Aber sie arbeitete über Messenger-Dienste weiter, und das Fotografieren von Stimmzetteln war offiziell nicht verboten. Nur wenige Belarus_innen ließen sich vom Entfernen der Vorhänge in den Wahllokalen und die ständige Beobachtung der Wahlkommission einschüchtern.

Eine Begegnung in Vilejka gab mir Mut und Kraft für alles, was an diesem Tag noch folgen sollte. Ich lief einer sehr alten Dame über den Weg, und als sie mein weißes Armband sah, sagte sie erleichtert zu mir: »Oh, ich dachte, ich wäre die Einzige mit diesem Armband und die Polizei würde mich sofort festnehmen.« Die Tatsache, dass sie trotz ihrer Angst mit dem weißen Armband das Haus verließ und zur Wahl ging, und das in einer Provinzstadt, war für mich ein weiteres kleines Zeichen für den festen Glauben an den bevorstehenden Wandel.

Bevor ich nach Minsk zurückkehrte, besuchte ich noch kurz meine ehemalige Schule, deren Direktor unser Nachbar war. Er war auch der Vorsitzende des Wahllokals in Vilejka, und ich wusste, dass er ein anständiger Mann ist. Aber ich befürchtete, dass er unter dem Druck des Regimes stand, und es schien mir richtig zu sein, mit ihm zu sprechen. Wir hatten uns seit vielen Jahren nicht mehr gesehen und standen uns auch nie besonders nahe, aber ich sagte ihm, dass diesmal alle Fälschungen aufgezeichnet würden und dass man ihn unterstützen würde, wenn er den Anweisungen von oben nicht nachkäme. Er nickte nur und ging schweigend weg. Später erfuhr ich, dass das Ergebnis seines Wahllokals anfechtbar war, da es keinen eindeutigen Sieg von Cichanoŭskaja oder Lukašenka gab.

Ich traf mich auch kurz mit meinen Eltern. Sie waren besorgt und wollten nicht, dass ich nach Minsk fahre – jeder wusste, dass abends ein großer Protest angesagt war. Ich versuchte nicht sie zu beruhigen und sagte ganz offen: Das Schlimmste, was mir passieren könnte, wären 15 Tage Gefängnis. Darauf hatte ich mich bereits beim Kauf meines Rückflugtickets nach Deutschland eingestellt und wählte ein Datum mit ausreichendem Abstand zum Wahltag. Aber wie sehr haben wir uns alle geirrt, als wir dachten, dass eine Inhaftierung das Schlimmste sein könnte, was an diesem und den kommenden Tagen hätte geschehen können.

Wahltag in Minsk

Am Nachmittag kehrte ich nach Minsk zurück. Zu diesem Zeitpunkt hatten bereits die Probleme mit dem Internet in ganz Belarus begonnen. Es gab in den Tagen zuvor Gerüchte darüber, und diverse Telegrammkanäle empfahlen, entsprechende VPN-Dienste zur Umgehung von Internetsperren zu installieren. Aber da ich meistens ein analoges Tastentelefon benutzte, war das für mich nicht besonders relevant. Später bereute ich meine schlechte Vorbereitung, da das Internet im ganzen Land nicht mehr funktionierte, weder mobil noch über WLAN-Verbindungen. Es folgte eine regelrechte Informationsfinsternis.

In der Zwischenzeit wurden in Minsk und in der Umgebung Militärtruppen eingesetzt. Am Rand der Hauptstadt gab es Patrouillendienste, die selektiv die passierenden Autos kontrollierten. Sie suchten nach möglichen Provokationen und schüchterten die Menschen ein. Ich wurde zum Glück nicht kontrolliert und konnte erleichtert in die Stadt fahren.

Für den Abend waren in Minsk mehrere Veranstaltungen geplant. Zunächst einmal diverse kleinere Versammlungen in der Nähe aller Wahllokale, um die Veröffentlichung der Ergebnisse zu fordern. Im Anschluss sollte eine große Kundgebung in der Nähe der Stela, dem Museum des Großen Vaterländischen Krieges im Stadtzentrum, mit allen Einwohner_innen stattfinden.

Ich parkte das Auto abseits und machte mich auf den Weg zu einem mit Freund_innen vereinbarten Treffpunkt. Die U-Bahn im Stadtzentrum war von der Regierung geschlossen worden, damit sich die Demonstrant_innen nicht schnell durch die Stadt bewegen konnten. Viele Straßen waren komplett gesperrt, und das gesamte Stadtzentrum wurde zusätzlich von der Polizei und dem Militär abgeriegelt.

Ich traf gegen 20 Uhr in der Nähe der Akademie der Wissenschaften ein, kurz nach dem offiziellen Ende der Wahlen. Im Wahllokal Nr. 6 traf ich Karyna, eine gute Freundin aus meiner Kindheit. Dutzende Menschen warteten mit uns auf die Ergebnisse der Abstimmung und sprachen miteinander. Plötzlich kam ein junger Mann angerannt und rief in die Menge, dass Cichanoŭskaja im nächstgelegenen Wahllokal gewonnen habe. Die Menschen begannen zu jubeln und applaudieren.

Unweit des Eingangs zum Wahllokal Nr. 6, in dem wir uns aufhielten, saßen ein Mann und ein Mädchen auf Klappstühlen, die seit einigen Tagen als Wahlbeobachter_innen fungierten. Am Morgen des 9. August wurden sie jedoch aus unbekannten Gründen aus dem Wahllokal vertrieben. Sie saßen an diesem Tag bereits seit mehr als zehn Stunden in der Nähe des Eingangs vom Wahllokal. Sie berichteten uns, dass sie allein an diesem Tag etwa 300 Personen gezählt hatten, die mit weißen Bändern kamen. Eine halbe Stunde später wurde eine Kopie des Abstimmungsergebnisses an die Glastüre des Eingangs gehängt: Danach erhielt Cichanoŭskaja lediglich 206 und Lukašenka 584 Stimmen für die gesamte Wahlperiode vom 4. bis 9. August. Die Menschen waren empört, aber da es unmöglich war, vor Ort jemandem etwas zu beweisen, begannen die meisten Menschen in benachbarte Wahllokale oder in Richtung Stela wegzugehen.

Wir riefen unsere Freund_innen an, die in anderen Bezirken von Minsk oder in anderen Teilen von Belarus auf die ersten Ergebnisse warteten. Da das Internet im ganzen Land nicht mehr funktionierte, war es die einzige Möglichkeit an Informationen zu kommen. Wie wir erfuhren, zeigte Lukašenka sich in der Hauptstadt siegessicher, obwohl beispielsweise in allen Wahllokalen des neu gebauten Viertels Novaja Baravaja Cichanoŭskaja mit über 90 Prozent der Stimmen gewann. Es wurde nicht nur deutlich, dass dort liberal gesinnte Menschen lebten, sondern auch, dass dort ehrliche Wahlkommissionen arbeiteten, die die Wahlen nicht fälschten.

Freund_innen berichteten mir später, was sie in der Siedlung Sokal durch die Fenster des Wahllokals beobachten konnten: Mitglieder der Kommissionen sortierten die Stimmzettel für alle Kandidat_innen an verschiedenen Tischen. Auf einem lag ein riesiger Stapel mit Stimmzetteln, die auf die Art gefaltet waren, wie Cichanoŭskaja und ihre Leute es empfohlen hatten. Auf einem anderen Tisch lag lediglich eine kleine Handvoll für die anderen Kandidaten. Die Kommission saß fast eine Stunde lang schweigend da und wusste nicht, was sie tun sollte. Jemand blickte verärgert auf die Menschenmenge, die vor dem Fenster auf das Protokoll wartete. Doch es hing erst einen Tag später im

Minsk, 9. August 2020. Protokoll (Ergebnis) aus dem Wahllokal, das erst gezeigt wurde, nachdem Demonstrant_innen den Ausgang für den Kommissionsvorsitzenden blockierten. Laut dem Protokoll bekam Lukašenka 743 Stimmen, Cichanoŭskaja 702.

Fenster des Wahllokals und zeigte das »offizielle« Ergebnis – es fiel zugunsten Lukašenkas aus.

Eine vergleichbare Situation erlebte ich gemeinsam mit Maryja Rudź, einer Freundin aus Berlin. Wir trafen uns etwas später an diesem Abend in einem Nachbarbezirk und warteten gemeinsam auf die Ergebnisse. In dem Gebäude, vor dem wir standen, gab es zwei Wahllokale, und eines von ihnen hatte bereits sein Wahlergebnis bekanntgegeben – Cichanoŭskaja hatte gewonnen. Stunden vergingen, und das andere Wahllokal hatte noch immer kein Ergebnis veröffentlicht, als plötzlich ein großes Auto anhielt, aus dem ein Spezialeinsatzkommando heraussprang und unmittelbar damit begann, die wartende Menge wegzustoßen. Die Männer in ihren Uniformen standen nur wenige Meter von uns entfernt. Einige von ihnen bewegten sich immer wieder durch die Menge, und auf einmal stand ich direkt vor einem und blickte in seine Augen. Ich spürte sofort, dass diese Polizisten dazu ausgebildet waren, mit ihrer bloßen Anwesenheit Menschen einzuschüchtern. Er ging schnell, scharf und mit einer unerschütterlichen Zuversicht, dass ihm jeder Platz machen würde. Sein Auftreten erzeugte die gewollte Wirkung, denn wir alle wussten, wie es für uns enden könnte, würden wir ihm nicht Platz machen. Andererseits ahnte ich, dass sie uns nicht festnehmen würden, weil mir in der Nähe keine Gefangenentransporter aufgefallen waren. Lediglich ein Bus wartete, den die Wahlkommissare nehmen sollten, um die Originalprotokolle zur Zentralen Wahlkommission zu bringen. Als die Kommissare herauskamen, wurde ihnen »Schande« zugerufen, und sie verschwanden schnell gemeinsam mit der Polizei.

Ähnliches erlebten wir noch bei einem weiteren Wahllokal. Dort wartete der Kommissionsvorsitzende alleine in seinem verriegelten Auto, denn die Menschenmenge blockierte das Tor der Ausfahrt. Bevor sie ihn gehen lassen würden, wollten sie das offizielle Ergebnis sehen. Ich erinnere mich noch heute an sein Gesicht: Er saß dort 10, 15, 20 Minuten lang in seinem Auto und schaute angespannt in die eine oder andere Richtung. Irgendwann stieg er aus und ging schnell zurück in das Gebäude. Bald darauf kam ein junger Mann heraus und zeigte uns für wenige Sekunden eine Kopie des Protokolls. Einige von uns machten Fotos und wir sahen das Ergebnis: Lukašenka – 743 Stimmen, Cichanoŭskaja – 702. Dann traf wieder die Bereitschaftspolizei ein und half dem Kommissionsleiter dabei, das Gebäude zu verlassen. Sie schüchterten uns wieder ein und fuhren dann fort. Die Menschen um mich herum begannen aufgewühlt zu schreien und viele rannten weg.

Mittlerweile war es Mitternacht und zunächst wollte ich noch zur Stela gehen. Aber keiner meiner Freund_innen wollte mit mir kommen. Ich hätte alleine mehrere Kilometer zu Fuß durch die Stadt gehen müssen, da das komplette öffentliche Verkehrsnetz zum Erliegen gekommen war und nicht einmal mehr Taxis fuhren. Die Blockade der Stadt war Teil einer bewussten Taktik, die die Menschen daran hindern sollte, sich zu einer großen Kundgebung zu versammeln. Diejenigen, die sich zu Fuß oder mit dem eigenen Auto auf den Weg zur Stela machten, wurden immer wieder aufgespürt und festgenommen. Also gingen wir alle zum Haus einer Freundin, um zu versuchen, ins Internet zu gelangen und so an aktuelle Nachrichten zu kommen. Die Gefangenentransporter fuhren immer wieder an den Fenstern ihrer Wohnung vorbei, und ich war froh über meinen Entschluss, mich nicht alleine auf den Weg gemacht zu haben. Vor dem Computer versammelt, nahmen wir jede der wenigen Nachrichten gierig auf und riefen unsere Freund_innen an.

Protest an der Stela

Der Musiker Aliaksiej Ladzik, ein Freund von mir, war als offizieller Wahlbeobachter an einer Schule eingesetzt. Interessanterweise weigerten sich im Vorfeld alle Lehrer dieser Schule, als

Mitglieder der Kommission tätig zu werden, um ihr Gewissen vor der Mitwissenschaft von Fälschungen zu bewahren. Die Kommission wurde fast ausschließlich von Mitgliedern der Akademie der Wissenschaften besetzt. Der Vorsitzende hatte sogar einen Doktortitel in Physik.

In seinem Wahllokal erlebte Aliaksiej ähnliche Situationen wie wir. An den Tagen der vorzeitigen Stimmabgabe musste er zusammen mit anderen Kolleg_innen draußen bleiben, sie durften das Gebäude nicht betreten. Sie zählten insgesamt 90 bis 100 Wähler pro Tag – die offizielle Kommission jedoch schrieb eine stabile Wahlbeteiligung von 150 bis 170 Wähler_innen auf.

Am 9. August wurde ihnen ein Blick auf das Protokoll verwehrt, und der Vorsitzende wurde wie viele andere schnell vom Wahllokal weggebracht. Danach fuhr Aliaksiej mit seinem Auto zur Stela und geriet mit seinen Freund_innen mitten ins Geschehen. Er erzählte mir später, dass die Ereignisse dort trotz seiner Protesterfahrung in den vorherigen Wochen ein Schock für ihn waren – eine neue Stufe der Aggression, die er nicht erwartet hatte. Die Polizei setzte Gummigeschosse, Wasserwerfer und Schockgranaten ein, die mit einem lauten Knall und sehr hellem Licht explodierten. Aliaksiej beschrieb mir seine Stimmung trotz der stressigen Situation als seltsam fröhlich. Das muss das Adrenalin gewesen sein. Einer von Aliaksiejs Freunden hatte am 9. August Geburtstag und nannte die Granatenexplosionen »Feuerwerk zu seinen Ehren«. In der Menschenmenge machte sich große Empörung breit, als das vorläufige Wahlergebnis verkündet wurde, nach dem Lukašenka 79 bis 80 Prozent der Stimmen zugesprochen wurden.

Größtenteils waren die Menschen zur Stela gekommen, um friedlich gegen die Gewalt zu protestieren. Ihre einzigen Waffen waren Mobiltelefone mit eingeschalteten Taschenlampen, mit deren Hilfe sie in der Dunkelheit zeigen wollten, wie viele sie waren.

Doch schon bald fuhr eine Kolonne des Sondereinsatzkommandos auf sie zu, während die Bereitschaftspolizei – es waren ausschließlich Männer – plötzlich auf die Menschen zu rannte und Schockgranaten in ihre Richtung warf. Die meisten der Demonstrant_innen hätten keine Zeit gehabt, sich zu verstecken und Deckung zu suchen. Noch viel mehr von ihnen wären von den Geschossen getroffen worden, wenn nicht in diesem Moment der Fahrer eines leeren Stadtbusses die Straße blockiert hätte und somit Schutz bot. Der Fahrer fuhr sehr langsam und tat so, als ob er seinen Bus auf einer geplanten Route in Richtung eines Bushofes lenkte. Auf diese Weise gelang es den Demonstrant_innen, auf einen nahe gelegenen Hügel zu laufen, wo sie sich mehr oder weniger sicher fühlen konnten. Die Bereitschaftspolizei begann, mit ihren Schlagstöcken laut auf ihre Schutzschilde zu schlagen. Die Demonstrant_innen erwiderten mit lautem Applaus im Takt, um den Lärm der Polizisten zu neutralisieren. Einige versuchten sogar, mit den Uniformierten ins Gespräch zu kommen, denn noch glaubten sie, dass die Gesetzeshüter ihre Schilde fallen lassen und sich auf die Seite des Volkes stellen würden.

Im nächsten Moment griffen Polizisten von der anderen Seite des Hügels aus an. Die Menschen strömten alle in eine Richtung davon. Aliaksiej stand wie angewurzelt da und konnte sich erst nach einem kurzen Moment bewegen. Er hatte die Bilder der Katastrophe von Minsk aus dem Jahr 1999 vor Augen, bei der zahlreiche Menschen bei einer Massenpanik zu Tode gequetscht wurden

Die Konfrontation dauerte mehrere Stunden, zahlreiche Menschen wurden festgenommen, geschlagen und trugen Verletzungen davon. Der Großteil von ihnen versuchte die Stellung zu halten und harrte auf dem Hügel aus. Erst gegen drei Uhr in der Nacht zerstreuten sie sich. Noch immer herrschte das Gefühl, dass trotz der Verwundeten und der Gewalt in den kommenden Tagen ein Sieg der Gerechtigkeit möglich sei. Alle hofften, dass am folgenden Tag noch mehr Menschen zu den Demonstrationen kommen würden. Niemand wollte die Angst das weitere Geschehen bestimmen lassen.

Am frühen Morgen des 10. August entfernten Straßenreini-
gungskräfte das Blut und andere Anzeichen vom Widerstand. Es
sollte so aussehen, als wäre nichts geschehen.

Ich ging durch die Straßen und fragte mich, wie eine solche
Doppelzüngigkeit möglich war – so zu tun, als hätte keine Gewalt gegen das eigene Volk stattgefunden. Die Stadt bot ein sur-
reales Bild – es gab noch immer in ganz Belarus kein Internet,
und man kam nicht an die neuesten unabhängigen Nachrichten;
aber Geschäfte und Cafés hatten schon wieder geöffnet, Autos
und Busse fuhren, und die Menschen gingen zur Arbeit. Dassel-
be geschah in anderen Städten, die in den vergangenen nächtlichen Stunden noch Gewalt und Ungerechtigkeit erlebt hatten.
Es schien fast so, als wäre nichts passiert.

Erst später konnte ich mir das Geschehen an diesem Tag erklären. Da die Proteste keine Anführer_innen hatten und mehr-
heitlich spontan entstanden, rief nach der Zerstreuung der Menschen nicht wieder jemand dazu auf, erneut auf die Straßen zu
gehen. Zudem kannten die Belarus_innen keine Protestkultur,
da in der Vergangenheit fast jede aufkommende Gegenbewegung im Keim erstickt wurde. Daher gingen sie am nächsten Tag
wieder ihren gewohnten Tagesabläufen nach, weil sie es einfach
nicht anders kannten. Darüber hinaus gab es keine direkten
Auslöser für eine Verschärfung der Massenproteste – das Regime zögerte mit der Bekanntgabe des offiziellen Endergebnisses
der Wahlen. Nur die manipulierten Propagandamedien waren
zu empfangen. Viele Belarus_innen wussten noch gar nicht, was
nachts im ganzen Land geschehen war.

Der Telegram-Kanal Nexta ist meiner Einschätzung nach
eine der wenigen Koordinationsstellen für die Proteste gewesen. Während die meisten anderen Medien im Land ihr eigenes Material erstellten und mehr oder weniger objektiv über die
Ereignisse berichteten, erhielt die Nexta-Redaktion mit Sitz in

Warschau zahlreiches Foto- und Videomaterial, das die belarusischen Einwohner_innen selbst erstellt hatten. Dank dessen erhielten die Redakteure die neuesten und ungefilterten Informationen. Von Zeit zu Zeit kamen auch Nachrichten bei ihnen an, die beispielsweise lauteten: »In der Nähe des Ladens X gibt es ungleiche Kräfte, Hilfe ist nötig« oder »Die Leute sind auf der Straße Y blockiert und bitten um Hilfe!«. Wegen der enormen Menge an aktuellen Informationen und in Ermangelung anderer Protestkoordinatoren begannen die Menschen diesen Kanal zu abonnieren, und innerhalb kürzester Zeit stieg die Anzahl der Abonnent_innen von 300 000 auf 2,1 Millionen. So wurde »Nexta« mit Abstand zum populärsten russischsprachigen Telegram-Kanal und zu einem der populärsten in der ganzen Welt. Im weiteren Verlauf der Geschehnisse wurde der Kanal von der belarusischen Regierung als extremistisch eingestuft und im ganzen Land verboten. Sein zweiundzwanzigjähriger Gründer Sciapan Pucila ließ sich jedoch nicht einschüchtern und arbeitete mit seinem Team weiterhin von Warschau aus an dem Kanal.

Eine der Hauptprotestführerinnen hätte Sviatlana Cichanoŭskaja sein können, die zwar weiterhin offen Fälschungen und Repressionen kritisierte, jedoch vom belarusischen Geheimdienst auf sehr grobe Weise neutralisiert wurde. Am 10. August ging Cichanoŭskaja zur Zentralen Wahlkommission, um gegen das vorläufige Abstimmungsergebnis Berufung einzulegen, wonach sie lediglich 10,09 Prozent der Stimmen erreichte. Sie betrat das Gebäude durch den Haupteingang und verschwand daraufhin für einige Zeit spurlos. Erst später kam heraus, dass sich dort einige hochrangige Vertreter_innen der Strafverfolgungsbehörden mehrere Stunden lang mit ihr unterhalten hatten. Während dieses Gesprächs übten sie unglaublichen Druck auf Cichanoŭskaja aus und schüchterten sie ein. In der Nacht vom 10. auf den 11. August brachten sie sie dann höchstpersönlich nach Vilnius. Dabei bereiteten sie Filmaufnahmen vor, die sie im Anschluss an die staatlichen Medien weitergaben. Sie stellten die Situation so dar, als hätte Cichanoŭskaja sich selbst zur Flucht entschieden. Einen Tag später ließ das Regime ein weiteres Video veröffentlichen, das in Lidzija Jarmošynas Büro in der Zentralen Wahlkommission aufgenommen wurde. Es zeigte eine blasse und verängstigte Sviatlana Cichanoŭskaja, die undeutlich einen Text von einem Blatt Papier abliest, wonach sie die Wahlen für rechtmäßig halte und die Demonstranten dazu aufrufe, nicht mehr auf die Straßen zu gehen, um die Regierung nicht zu provozieren.

Als sie einige Zeit später gefragt wurde, womit sie so heftig eingeschüchtert wurde, verriet sie nichts. Es lässt sich jedoch erahnen, dass das Regime ihr mit schrecklichen Dingen drohte. – Immerhin saß ihr Mann zu diesem Zeitpunkt bereits seit einigen Monaten in Haft und sie haben gemeinsame Kinder.

Wiedersehen an der Stela?

Doch am 10. August wusste niemand etwas von dem Schicksal Cichanoŭskajas und zahlreiche Menschen wollten wieder auf die Straßen gehen. Die Stela wurde erneut zum Hauptprotestort erklärt. An diesem Tag entschied ich mich ganz bewusst, frühzeitig dorthin zu gehen. Als ich mich am Nachmittag auf den Weg machte, waren die zentralen U-Bahn-Stationen wieder geschlossen, so dass ich noch einige Kilometer von der Stela entfernt war. Ich näherte mich dem Nationalen Kunstmuseum, und plötzlich fuhr eine riesige Kolonne von Spezialfahrzeugen an mir vorbei. Darunter waren Gefangenentransporter, gepanzerte Geländefahrzeuge sowie Lastwagen und Busse voller Menschen in Uniform. Ich blieb stehen, um mir die Kolonne genauer anzuschauen. Die Soldaten in den Fahrzeugen wurden auf mich aufmerksam. Vor meinem geistigen Auge sah ich mich dort alleine am Straßenrand stehen – in einem T-Shirt mit Soutines Eva darauf und einem weißen Armband am Handgelenk. Surrealerweise grüßten mich zahlreiche Soldaten aus der vorbeifahrenden Kolonne mit einem Victory-Zeichen. Fast auto-matisch erwiderte ich ihren Gruß, in dem ich meinen Arm mit dem weißen Band hob. Es war ein seltsames Gefühl – unter der lärmenden Begleitung Dutzender vorbeirauschender Fahrzeuge, ob gutmütig oder spöttisch, kommunizierten die Soldaten mit mir in der Sprache der Protestsymbole. Diese Situation war wie ein kurzer Waffenstillstand, bei dem ein Krieger zum anderen sagte: »Ich bin genau wie du«, aber gleichzeitig auch: »Ich mache dich bald fertig«.

Kurz nachdem sie vorbeigefahren waren, traf ich auf meine Freund_innen, die Komponistin Volha Padhajskaja und ihren Mann Vitali Appow. Je näher wir an die Stela kamen, desto mehr Menschen liefen umher, und der Weg dorthin wirkte wie eine große Prozession. Doch das ganze Zentrum war von Menschen in Schwarz und ohne Erkennungszeichen abgeriegelt worden. Wir mussten also, um zu unserem Zielort zu gelangen, in kleinen Gruppen weiterlaufen und die Polizei aus der Ferne umgehen. Immer wieder fuhren dunkle Lieferwagen ohne Kennzeichen herum, aus denen Männer in Sturmhauben heraussprangen und wahllos Passant_innen verschleppten. Wir waren alle auf dem Weg zum gleichen Ziel – und vor unseren Augen gab es Mas-senentführungen. Die Protestierenden wendeten keine Gewalt an, schrien nur »Schande« und nahmen die ganze Gesetzlosig-keit auf Video auf. Uns wurde immer bewusster, dass an diesem Abend mehr Gewalt auf uns warten könnte als zuvor.

Wir kamen bis zur letzten Kreuzung vor der Stela, und ab da gab es kein Weiterkommen. Die Bereitschaftspolizei stand hin-ter einer massiven Absperrung, kontrollierte die Leute und ließ nur diejenigen durch, die in den Häusern nebenan wohnten. Es war für uns unmöglich, zum offiziellen Versammlungsort zu gelangen. Von unserem Standpunkt aus konnten wir sehen, dass sich praktisch niemand in der Nähe der Stela befand und die Kundgebung nicht am vorgesehenen Ort stattfinden konn-te. Wir beschlossen, zu Freund_innen zu gehen, die nicht weit entfernt wohnten. Sie hatten zu Hause einen VPN-Dienst und dadurch Zugriff aufs Internet, wir wollten uns bei ihnen über die Ereignisse auf dem Laufenden halten und überlegten, wie unsere nächsten Schritte aussehen könnten – keiner von uns wollte aufgeben und nach Hause gehen.

Wir waren noch auf dem Weg zu unseren Freund_innen, als wir eine kleine Seitenstraße nahmen und plötzlich in einer Gegend standen, in der ich während meines Studiums in Minsk gelebt hatte. Ich war zum ersten Mal seit vielen Jahren wieder dort und schaute mir die Orte neugierig an, alles erschien mir so vertraut und gleichzeitig so fremd. Trotz der Tatsache, dass die Straße klein war, gab es viele Passant_innen, die sich in kleinen Gruppen zusammenschlossen. Uns kamen drei Jungs entgegen, die vielleicht noch nicht mal zwanzig Jahre alt waren. Kaum waren wir aneinander vorbeigegangen, da hörten wir plötzlich Reifen quietschen – ein schwarzer Lieferwagen hielt direkt hinter uns an, fünf bis sechs Personen sprangen heraus und begannen mit lauten Schreien die drei Jungs zu packen. Es passierte keine zwei Meter von uns entfernt und so schnell, dass wir nicht wussten, was wir tun sollten. Wir standen schockiert da und starrten auf die Situation. Meinen Kopf durchbohrten in wenigen Sekunden zahlreiche Gedanken – diese Leute sehen aus wie Verbrecher! Aber sind das nicht Gesetzeshüter? Natürlich, es ist die Polizei! Du kannst sie nicht aufhalten, sonst drohen dir strafrechtliche Sanktionen und langjährige Haftstrafen! Wir waren völlig hilflos und wollten nicht einfach fliehen, weil wir nichts Falsches getan hatten. Aber wir sahen keine andere Wahl, und so rannten wir, langsam und widerwillig, von einer Art Selbsterhaltungstrieb gesteuert, die Straße entlang. Wir blickten noch einmal zurück und sahen, wie der Transporter mit den drei Jungs verschwand.

Geschockt von der Situation, wollten wir so schnell wie möglich das Haus unserer Freund_innen erreichen. Ich war sehr verbittert darüber, dass uns nichts anderes übrigblieb, als zu fliehen.

Ich fühlte zum ersten Mal die Machtlosigkeit, die das Regime mit seiner Gewalt und Autorität dem belarusischen Volk jahrzehntelang auferlegt hatte, am eigenen Leib.

Wir waren überwältigt von Wut, Groll und Angst – eine tief sitzende Angst, die nicht leicht loszuwerden war, denn wo immer wir waren, selbst in den harmlosen kleinen Straßen unserer Heimatstadt, waren wir völlig schutzlos. Eine Angst, die uns dazu brachte, dass wir diese Jungs nicht vor einem brutalen Angriff retten konnten. Ich frage mich noch heute, wer sie sind und was sie in einem belarusischen Gefängnis wohl durchmachen mussten.

Wir wussten nun, dass jeder von uns jederzeit unschuldig im Gefängnis landen kann. Als die Gewalt zunahm, wuchs auch die Angst, aber gleichzeitig gab es einen unerbittlichen Mut – die Menschen liefen weiter, und die Autos hupten unablässig, wenn sie einen Passanten mit einem weißen Armband sahen. Wir hoben die Hand gegen unsere eigene Angst. Je mehr unschuldige Zivilist_innen festgenommen wurden, umso wichtiger schien es uns, unsere Angst zu überwinden und weiter gegen das repressive System zu kämpfen.

Auf den letzten Metern bis zur Wohnung unserer Freund_innen schauten wir uns jedes vorbeifahrende Auto genau an und kontrollierten die Nummernschilder. Dabei blickte immer einer von uns die Straße entlang, denn am Ende jeder Straße konnten die schwarz gekleideten Verbrecher wieder auftauchen. Erschöpft erreichten wir irgendwann unsere Freund_innen und konnten uns endlich sicher fühlen. Ich installierte sofort ein VPN-Programm auf meinem Smartphone und konnte mich über WLAN endlich mit der Außenwelt verbinden. Zum ersten Mal seit eineinhalb Tagen hatte ich die Gelegenheit, meiner Familie sowie meinen Freund_innen und Bekannten mitzuteilen, dass ich in Sicherheit bin. Schreckliche Nachrichten über die Gewalt in Belarus hatten sich zu diesem Zeitpunkt bereits auf der ganzen Welt verbreitet, so dass ich sogar von Menschen

Nachrichten erhielt, mit denen ich bereits seit vielen Jahren keinen Kontakt mehr hatte. Es war eine seltsame Situation – die ganze Welt wusste mehr über die Ereignisse in Belarus als wir, die im Zentrum des Geschehens waren.

Den ganzen Abend über habe ich gierig die Nachrichten verschlungen. Da die Stela abgeriegelt wurde, schlug der Nexta-Telegram-Kanal neue Versammlungsorte vor. Es sollten die Umgebungen von U-Bahn-Stationen in beliebigen Bezirken bevorzugt werden. So begannen sich die Menschen in der Nähe der U-Bahn-Station Puškinskaja zu versammeln.

Meine Freund_innen unterhielten sich und sprachen sich gegenseitig Mut für all das zu, was noch kommen könnte. Plötzlich klingelte mein Mobiltelefon, es war eine Nexta-Redakteurin. Sie fragte mich, ob ich die Information bestätigen könne, dass Cichanoŭskaja ins Ausland gegangen sei. Zu diesem Zeitpunkt wusste ich selbst noch gar nichts darüber und war absurderweise nur mit der Frage beschäftigt, wie sie meine Telefonnummer bekommen hatten.

Eskalation

Die Medien berichteten, dass in unserer Nähe schwarz gekleidete Unbekannte Autos anhielten, mit Schlagstöcken die Scheiben zerschlugen, Leute herausholten, diese schlugen und verhafteten. Die Demonstrant_innen sollten dadurch eingeschüchtert und daran gehindert werden, sich zu versammeln. In der Nähe der Station Puškinskaja gab es jedoch bereits viele Demonstrant_innen, die es bis dorthin geschafft hatten.

Plötzlich hörten wir einen ohrenbetäubenden Lärm – es war die erste Explosion einer Schockgranate in unmittelbarer Nähe. Bald darauf folgten weitere Explosionen, und wir waren ganz still. Einige Minuten später tauchten im Internet die ersten Berichte über den Einsatz von Granaten in unserer Nähe auf. Dort stand auch, dass die Fotojournalistin Tacciana Kapitonava vom Mediaportal Belsat durch eine der Explosionen verletzt wurde. Später lernte ich sie persönlich kennen – ihre Hörprobleme wegen der Explosion blieben viele Monate lang bestehen. Sie erzählte mir bei unserem Treffen, wie sich die Situation auf der Straße ereignet hatte. Nach der Explosion trat sie zur Seite, um zur Besinnung zu kommen, aber gleich darauf erkannte sie Polizisten, die in ihre Richtung kamen und Tränengas versprühten. Sie lief weg und auf dem Weg sah sie, wie ein Demonstrant in das Auto eines anderen Demonstranten getragen wurde – die Explosion hatte ihm den Fuß abgerissen. Später fanden wir heraus, dass sein Name Hieorhij war. Vor der Explosion war er bloß auf dem Weg nach Hause und hatte nur noch etwa 200 Meter bis zur Haustür – er war also nicht mal ein Demonstrant gewesen.

In der Nähe der Station Puškinskaja traf ein bewaffnetes Sondereinsatzkommando ohne Erkennungszeichen ein. Kurz darauf wurde auf Demonstrant_innen geschossen, u. a. mit scharfer Munition. Die Menschen errichteten mit improvisierten Mitteln Barrikaden und versuchten sich auf diese Weise zu schützen. Puškinskaja wurde daraufhin zu einem der Epizentren des Konflikts.

Dort geschah in dieser Nacht der erste Mord. Unbekannte in Uniform erschossen aus nächster Nähe einen friedlichen Demonstranten. Sein Name war Aliaksandr Tarajkoŭski und er war gerade einmal 34 Jahre alt. Sein Tod wurde von vielen Videokameras aufgezeichnet, und so ist für die ganze Welt zu sehen, wie er sich – alleine und unbewaffnet – langsam mit erhobenen Händen den Gesetzeshütern nähert und einer von ihnen unmittelbar auf seine Brust zielt und abdrückt. Aliaksandr hält sich nach dem Schuss noch einige Sekunden lang auf den Füßen, sein weißes Hemd verfärbt sich rasch durch das Blut, und bald darauf fällt er um.

Bereits am selben Abend, an dem diese Aufnahmen entstanden, behaupteten Vertreter_innen des Innenministeriums, dass infolge der Zusammenstöße ein aggressiver Demonstrant getötet worden sei. Sie behaupteten, er habe versucht, einen improvisierten Sprengsatz auf Strafverfolgungsbeamte zu werfen, der jedoch in seiner eigenen Hand explodierte. Es war offensichtlich, dass es sich um eine Verleumdung handelte, mit der die Gesetzeshüter das Blut von ihren Händen waschen wollten.

Auch am 11. August gab es noch kein Internet. Am Vormittag begannen die staatlichen Medien im ganzen Land davon zu berichten, wie Cichanoŭskaja angeblich nach Vilnius geflohen sei, und forderten die Demonstrant_innen auf, zu Hause zu bleiben. Die meisten Belarus_innen verstanden aber sofort, dass sie dies nur unter starkem Druck getan hatte. Nach der Entführung von Cichanoŭskaja entzog das Regime den Protesten zwar eine ihrer möglichen Anführerinnen – die Demoralisierung der Bevölkerung erreichten sie jedoch nicht.

Im Laufe des Tages erhielten wir verlässliche Nachrichten über tatsächlichen Zahlen der Verletzten – am häufigsten waren es Schussverletzungen und die Folgen der Schockgranaten. In der Nähe der U-Bahn-Station Puškinskaja begannen die Menschen, ein improvisiertes Denkmal für Tarajkoŭski zu errichten, legten Blumen ab und zündeten Kerzen an. Es gab erste Berichte über Streiks in verschiedenen Betrieben in ganz Belarus, und ein Mann blockierte den Zug einer U-Bahn, indem er auf den Gleisen stand und ein Plakat mit der Aufschrift »Hört auf, die Menschen zu verkrüppeln und zu töten« in seinen Händen hielt.

Als am Morgen des 12. August in Belarus das Internet wieder eingeschaltet wurde und wir die Wahrheit über die vergangenen drei Tage erfuhren, wurde mir klar, dass mich vielleicht das Schicksal oder ein Schutzengel vor all den Schrecken und Grausamkeiten bewahrt hatte, die Tausende meiner Landsleute bereits erduldet hatten und viele von ihnen noch vor sich hatten.

Gewalt

Während der dreitägigen Proteste in Belarus wurden mehr als 6000 Menschen festgenommen – etwa zehnmal mehr als bei einer vergleichbaren Demonstration im Dezember 2010. Jeder wusste, was die Menschen damals während ihrer Verhaftung und in den Gefängnissen durchmachen mussten. Mir erzählten Freund_innen von ihren Erlebnissen – wie sie bedroht, geschlagen und gedemütigt wurden. Doch was im August 2020 in den belarusischen Gefängnissen vor sich gehen sollte, nahm eine Dimension noch nie da gewesener Gewalt an.

Am Morgen des 12. August wurden die ersten Zeug_innen-aussagen von Personen veröffentlicht, die bei den Protesten festgenommen und in verschiedenen Polizeistationen und Gefängnissen festgehalten worden waren. Besonders traurige Berühmtheit erlangte das Gefängnis auf der Akrescinastraße in Minsk, das inzwischen zu einem Symbol für Gesetzlosigkeit, Gewalt und Terror gegen die belarusische Bevölkerung geworden ist.

Vor dem 9. August wurden fast ausschließlich Personen festgenommen, die an Protesten teilnahmen. Am Abend des Wahltags begann die Bereitschaftspolizei (in Belarus als OMON bekannt) jedoch damit, auf den Straßen von Minsk vollkommen willkürlich Menschen zu verhaften. Schon bald erweiterten sie ihr Jagdgebiet auf das ganze Land.

Ein Mann wurde dabei erwischt – was mittlerweile schon fast zum normalen Straßenbild gehörte –, wie er als Reaktion auf das Hupen der Autos seine Hand mit dem weißen Armband hob, während er auf den Bus wartete, der ihn zur Arbeit bringen sollte. Er wurde verhaftet. Zahlreiche andere versuchten, durch das blockierte Zentrum von Minsk nach Hause zu kommen. Sie fragten naiv die Polizisten, welcher Weg der sicherste sei – die Polizisten schlugen ohne Vorwarnung auf sie ein und stießen sie in einen wartenden Transporter. Im ganzen Land kamen Männer in Uniform auf Passant_innen zu und verlangten die Herausgabe von Mobiltelefonen – wenn sie darauf Fotos von den Protesten oder Abos von unabhängigen Telegram-Kanälen fanden, schlugen sie auf die Handybesitzer_innen ein und verhafteten sie. Besonders brutal wurden die Polizisten und Geheimdienstmitarbeiter, wenn sie die Symbole des Protests fanden. Sie verhafteten alle, die die weißen Armbänder oder beispielsweise ein T-Shirt mit Soutines Eva trugen.

Die gewalttätigen Handlungen, die die Befugnisse der Strafverfolgungsbehörden sichtlich überstiegen, fanden meist unvermittelt statt. Ein Mann namens Aliaksandr, der mit seiner Freundin nach Hause fuhr, wurde von anonymen bewaffneten Männern in schwarzer Kleidung angehalten. Sie forderten ihn zum Aussteigen auf und wollten seine persönlichen Sachen sehen. Da sich die Männer nicht ausweisen konnten, weigerte Aliaksandr sich, ihnen zu gehorchen. Daraufhin schlugen sie die Autoscheiben ein und schossen aus nächster Nähe – Aliaksandr wurde in die linke Schulter getroffen. Danach wurden er und seine Freundin aus dem Auto gezerrt, zusammengeschlagen und verhaftet.

Bei einem Mann namens Maxim wurden Atemschutzmasken gefunden, die er in seinem Rucksack mit sich trug – einige Demonstranten waren darauf vorbereitet, dass die Ordnungskräfte während der Proteste eventuell Tränengas einsetzen könnten.

Aufgrund seiner »Ausrüstung« wurde Maxim die Organisation der Proteste unterstellt. Sie brachten ihn in eine leere Seitengasse. Dort zeigten ihm die Männer eine Handgranate und sagten: »Wir werden sie dir in die Unterhose stecken und wenn du in die Luft gegangen bist, dann behaupten wir, dass du mit deinem eigenen Sprengstoff hantiert hast.« Sie steckten ihm wirklich eine Handgranate in die Unterhose und rannten ein paar Meter weg – als die Granate nicht explodierte, kamen sie zurück und schlugen den völlig verängstigten Maxim zusammen.

Die Polizei nahm Menschen aller Altersgruppen fest, Jugendliche ebenso wie Rentner_innen. Ihre Hauptzielgruppe waren natürlich junge Männer, da sie von den Behörden als größte Bedrohung angesehen wurden. Aber auch Frauen gehörten zu ihren Opfern. Hanna stand in einer Menschengruppe in der Nähe ihres Hauses, als plötzlich ein Transporter anhielt und die Bereitschaftspolizisten mit Gummigeschossen auf die herumstehenden Menschen zu schießen begannen. Hanna versuchte wegzulaufen, wurde jedoch am Rücken getroffen und fiel hin. Mit letzter Kraft kroch sie in den Hof ihres Hauses. Doch ein Bereitschaftspolizist folgte ihr und brachte sie zum bereitstehenden Transporter.

Nicht weit von ihr entfernt wurde eine weitere junge Frau verprügelt. Ein junger Mann kam ihr zu Hilfe und stellte sich schützend vor sie, so dass die Schläge der Polizisten ihn trafen – sie schlugen noch fester als zuvor und schrien dabei: »Wir könnten euch töten und würden dafür nicht bestraft!« Als sie nachließen, konnte der junge Mann nicht mehr aufstehen, also trugen die Polizisten ihn zum Transporter. Die junge Frau nahmen sie ebenfalls mit.

Aliaksandr, ein fünfzigjähriger Ingenieur aus Minsk, war in seiner Wohnung, als er das vorläufige Wahlergebnis erfuhr. Über die 80 Prozent für Lukašenka war er so empört, dass es ihn auf die Straße zog. Aliaksandr griff nach Zigaretten, Verbandszeug, Jod und zog Schuhe ohne Schnürsenkel an – Schnürsenkel würden sie ihm im Gefängnis sowieso wieder abnehmen – und ging freiwillig zu einem der Gefangenentransporter. Seiner jugendlichen Tochter hatte er verboten, das Haus zu verlassen; sie sollte nicht das Opfer der abscheulichen Gewalt werden, sie war jung, sie hatte es verdient, in einem besseren Land zu leben. Also ging er für sie auf die Straße. Er war fest entschlossen sich verhaften zu lassen, um so zumindest einem jungen Menschen diese Erfahrung zu ersparen. Mit einem weißen Armband in der einen Hand und einer weiß-rot-weißen Fahne in der anderen, ging Aliaksandr direkt auf die Einheiten zu. Die Männer beschimpften ihn, einige hielten ihn fest, und wiederum andere versuchten ihm lachend seine Fahne in den Mund zu stopfen. Irgendwann verloren sie den Spaß daran und stießen ihn in den Transporter. Im dunklen Innenraum wartete er mit den anderen Gefangenen auf das, was sie noch zu erdulden hatten.

In den Gefangenentransportern wartete eine nächste Stufe der Gewalt auf die Festgenommenen. Sie bekamen ihre Hände mit Kabelbindern auf den Rücken gefesselt. Einige Autos hatten eingebaute Zellen – konzipiert sind sie eigentlich für eine einzelne Person; im Belarusischen werden sie »Becher« genannt: komplett geschlossene Räume mit nur wenigen kleinen Luftlöchern –, in denen mehrere Gefangene wie Tiere zusammengepfercht wurden, so dass sie kaum Luft zum Atmen hatten. In anderen Autos wurden Verletzte wie seelenlose Dinge auf den Boden geworfen und die nächsten wurden einfach auf sie drauf gestapelt. In mehreren Schichten aufeinanderliegend wie Leichen, mussten sie stundenlang dort verharren, bis das Auto komplett vollgestopft war. Diejenigen, die unten lagen, konnten kaum atmen; die anderen, weiter oben, wurden immer wieder geschlagen. Einige von ihnen verloren das Bewusstsein, andere erbrachen sich. Eine Frau schrie, dass sie einen Herzinfarkt habe und ersticke, die Leute des OMON lachten nur. In manchen Autos wurde Pfeffergas versprüht, um die Menschen noch mehr zu quälen.

Andrej, ein Mann aus Minsk, musste sich hinknien und seinen Kopf auf den dreckigen Boden ablegen. Danach setzte sich ein Bereitschaftspolizist lachend mit vollem Gewicht auf seinen Rücken. Zu seinen Kollegen sagte er: »Schaut mal, was für einen guten Stuhl ich habe!« Andrej konnte nicht atmen und bat um Hilfe. Sein Peiniger schlug ihm daraufhin ins Gesicht und fragte hämisch: »Geht's dir schlecht? Warum? Ich fühle mich gut!« Bald kippte Andrej völlig kraftlos zur Seite und der Polizist mit ihm. Er schlug ihn und schrie: »Du Miststück bist ein instabiler Stuhl!« Danach drehte er sein Opfer auf den Bauch und stellte sich mit einem Bein auf Andrejs Kopf, während einer seiner Kollegen anfing, ihm mit einem Schlagstock in seinen Hintern zu stoßen und zu rufen: »Jetzt vergewaltigen wir dich!« Andrej verlor das Bewusstsein und wachte erst wieder auf, als sie ihn wie eine Leiche auf den Asphalt warfen. Und als hätten sie ihn nicht genug misshandelt, prügelten sie mit ihren Schlagstöcken weiter auf ihn ein.

Vergewaltigung wurde vielen Gefangenen angedroht. Einem Mann wurde das Mobiltelefon abgenommen, um es zu überprüfen. Der Mann wollte aber sein Passwort nicht verraten. Die Polizisten rissen ihm die Kleider vom Leib und sagten, wenn er es immer noch nicht sagen wolle, dann würde er mit Knüppeln vergewaltigt werden. Einem anderen Mann wurde mit der gleichen Drohung eine Art Gift ins Gesicht gesprüht. Als er vor lauter Keuchen und Husten keine Luft mehr bekam, entsperrte er ihnen sein Gerät.

Die Polizisten schüchterten ihre Opfer aber nicht nur mit Waffen und möglicher Vergewaltigung ein – sie drohten auch damit, ihnen das Leben zu nehmen. Einige riefen: »Wir stecken euch in die Todeszelle zu den weiteren Todeskandidaten!« Ein Mann lag auf dem Boden und hatte einen Asthmaanfall, schnappte nach Luft und schrie. Einer der Polizisten stellte seinen Fuß auf seinen Hals und verlagerte immer wieder sein Gewicht so, dass der Mann noch schlechter Luft bekam. Dabei sagte er: »Wenn du abnippelst, ist mir das egal«.

Die Frauen und jungen Mädchen in den Transportern erfuhren nicht immer körperliche Gewalt. Die Bereitschaftspolizisten versuchten eher, sie mit psychischer Gewalt zu foltern. Viele der Frauen saßen verzweifelt und weinend neben ihren verletzten Begleitern. Manchmal schrien sie auf und baten um Hilfe. Einmal packte ein Polizist eine junge Frau plötzlich an ihren langen Haaren, fing an, sie in großen Büscheln abzurasieren, und schrie: »Hure, halt's Maul! Wenn du jetzt nicht still bist, bringen wir dich in die Männerzelle, und nach deiner Vergewaltigung werfen wir dich in den Wald hinaus!«

Nach stundenlanger Folter in den Transportern wurden die Menschen im Laufe der Nacht zu örtlichen Polizeistationen gefahren. Die Türen wurden geöffnet und sie stiegen verängstigt aus. Diejenigen, die sich nicht mehr aus eigener Kraft bewegen konnten, wurden aus dem Auto gestoßen. Um den Versammlungsort im Hof des Polizeireviers zu erreichen, mussten die Gefangenen durch eine Art Korridor aus den maskierten Sicherheitskräften gehen, die oft aggressiv bellende Hunde bei sich hatten. Wer zu langsam ging, wurde noch härter geschlagen als die anderen. Sie sagten den Gefangenen, diejenigen, die laut rufen würden: »Ich liebe OMON!«, würden nicht angerührt. Manche riefen diesen demütigenden Satz aus voller Kehle, aber sie wurden später doch wieder geschlagen.

Im Hof mussten die Menschen sich in einer Reihe mit den Gesichtern zur Wand aufstellen. Dann mussten sie sich vorbeugen bis ihre Köpfe an der Wand lehnten und die Hände hinter den Rücken verschränken. In dieser Position mussten viele Gefangene stundenlang ausharren. Wer versuchte seine Position zu verändern, der wurde verprügelt. Zu einigen wurden die Hunde geführt, um ihnen noch mehr Angst einzujagen, und auf andere sprach man ununterbrochen mit Drohungen ein.

In manchen Polizeistationen durften die Festgenommenen sich bewegen. Sie legten sich zum Teil übereinander, um sich gegenseitig Wärme zu spenden. Als die Polizisten dies mitbekamen, übergossen sie die Menschen mit kaltem Wasser. Schlafen durften sie auch nicht – wenn jemand leicht zu dösen begann, wandte die Polizei erneut körperliche Gewalt an.

Sie inspizierten alle persönlichen Gegenstände und überprüften die Mobiltelefone. Im Rucksack eines vierzehnjährigen Jungen fanden die Beamten einen Hammer – sie schlugen ohne Ende auf ihn ein. Viele der Festgenommenen wurden von den Polizisten mit gelber, roter, grüner oder schwarzer Farbe beschmiert. Auf diese Weise teilten sie die Gefangenen in Gruppen ein, auf die sie unterschiedliche Gewaltniveaus anwendeten. Schwarz bedeutete die größte Grausamkeit, also heftigste Folter, die im schlimmsten Fall zum Tod führen konnte. Die Aussagen über die Bedeutungen der anderen Farben weichen teilweise voneinander ab. Meistens war es so: Gelb war das Kennzeichen für eine Form von Gewalt, die nicht zu bleibenden Schäden führen sollte; wer rot gekennzeichnet war, sollte extremerer Folter und Misshandlung ausgesetzt werden. Grün war bestimmt für diejenigen, die ein bestimmtes Aussehen hatten – Dreadlocks, blau gefärbe Haare, Piercings o. ä. Sie sollten ebenfalls misshandelt, zudem aber auch beleidigt und beschimpft werden. Darüber hinaus wurden Menschen, die Belarusisch sprachen, oft farblich markiert. Für russischsprachige OMON-Polizisten war das ebenfalls ein Reizerreger.

Wem die Farbe auf seine Kleidung geschmiert wurde, der hatte noch Glück – in einem unbeobachteten Moment konnte man sie von innen nach außen wenden, um die Farbe zu verstecken. War jedoch Farbe ins Haar oder auf die Haut gelangt, so mussten die Menschen in allen Phasen ihrer Haft mit schweren Misshandlungen rechnen. Versuchte man nach den Vorstellungen der Vollzugsbeamt_innen alles richtig zu machen, dann bekam man keine Farbmarkierung und wurde weniger gefoltert.

Aber es war fast unmöglich, »alles richtig zu machen«. Menschen wurden geschlagen, weil sie standen, lagen, schrien oder still waren – die Beamt_innen fanden immer einen Grund. Es war eine Folter ohne jeden Hauch von Menschlichkeit oder Gerechtigkeit. Das Prinzip bestand darin, Menschen physisch und psychisch zu erdrücken. Jeder Versuch, sich zu erklären oder zu rechtfertigen, wurde noch härter bestraft. Die Menschen bekamen stundenlang kein Wasser und durften bis zum Morgen nicht auf die Toilette.

Am härtesten traf es Gefangene, die die meiste Aufmerksamkeit auf sich zogen, egal ob durch ihr Benehmen oder ihr Aussehen. Widerstand wurde ebenso mit Misshandlungen bestraft wie Übergewicht oder Tätowierungen. Lange Haare oder Dreadlocks wurden bei vielen kurzerhand mit Messern abgeschnitten. Jede Besonderheit der Gefangenen wirkte auf die Gesetzeshüter_innen wie eine Zielscheibe. Wenn die Menschen nicht dem von OMON festgelegten Begriff der Norm entsprachen, dann bekamen sie ein besonders grausames Maß ihres Hasses zu spüren.

Nach einigen Stunden in Gefangenschaft gab es Menschen, die verzweifelt riefen:»Tötet mich schon endlich!«Und die Bereitschaftspolizisten erwiderten grausam:»Wir töten dich schon noch.«Als ein älterer Mann geschlagen wurde, fing er an, seinen Namen laut zu schreien – wenn er jetzt getötet werden sollte, könnten wenigstens die anderen seinen Verwandten Bescheid sagen.

Die Gefangenen wurden gezwungen, aus voller Lungen die Nationalhymne von Belarus zu singen – als Ausdruck der Vaterlandsliebe. Wer den Text nicht parat hatte, spürte unmittelbar den Schlagstock. Die belarusische Nationalhymne hat vielleicht noch nie so eine hohe Diskreditierung erfahren. Schließlich musste man unter der Begleitung von Schlagstöcken einen Text singen, der mit den Worten beginnt:»Wir Belarusen sind friedliche Menschen…«Die Inhaftierten wurden auch gezwungen, das Protestlied»Veränderungen«zu singen, welches am 6. August die zwei DJs Uladzislaŭ Sakaloŭski und Kiryl Halanaŭ während einer inoffiziellen Demo spielten. Die Bereitschaftspolizisten lachten und riefen:»Na, sind das die Veränderungen, die ihr wolltet?«

Wenn eine neue Gruppe von Gefangenen eintraf, konnten die schon länger Einsitzenden sich etwas ausruhen, während die neuen verprügelt wurden. Unter ihnen waren auch ausländische Tourist_innen, die zufällig zur falschen Zeit am falschen Ort waren. Ihnen wurde gesagt: »Willkommen in unserem toleranten Land, du Viech!«, und sie wurden genauso geschlagen wie ihre belarusischen Nachbar_innen.

Am Morgen versammelten sich Angehörige vor den Polizeigebäuden. Sie suchten nach ihren verschleppten Verwandten und Freund_innen. Die Polizei gab keine Auskunft und einige derer, die ihre Suche nicht aufgeben wollten, wurden ebenfalls festgenommen. Sie teilten das Schicksal ihrer Lieben nur, weil sie sich sorgten. Die belarusische Justiz schlug wahllos zu. Alles deutete darauf hin, dass den Gesetzeshüter_innen die Macht ohne jegliche Einschränkungen übertragen wurde. Sie konnten so viele Menschen verhaften, wie sie wollten, und jede Form von Gewalt anwenden. Sie wussten, dass ihnen deswegen nichts passieren würde, denn Befehle zu befolgen war ihre Aufgabe. Viele von ihnen folgten gerne diesen Befehlen, es war für sie eine Freude, Menschen zu quälen. Sie lachten, wenn andere weinten und schrien.

Bei all der erschreckenden allgemeinen Brutalität stachen einige der uniformierten Männer unter ihren Kollegen noch besonders hervor. In Brest erzählten die Gefangenen von einem Major, der nicht nur selber die Gefangenen schlug, sondern auch seine Untergebenen dazu zwang, die Menschen noch härter zu schlagen und kein Mitleid zu zeigen. Ein anderer hochrangiger Polizeichef sagte: »Wir werden für unsere Kollegen töten, die ihr bei den Protesten angreift! Ihr werdet verschwinden, und niemand wird davon erfahren.« Als er sah, dass ein Mann einen gebrochenen Arm hatte, stieß er ihn absichtlich mit dem gebrochenen Körperteil gegen die Wand, so dass der Mann vor Schmerzen nicht einmal mehr schreien konnte.

»Was gefällt euch in diesem Land nicht?«, »Wie viel habt ihr bezahlt bekommen?«, »Wer sind eure Koordinatoren?« – diese Fragen wiederholten sich ein ums andere Mal. Wahrscheinlich glaubten die Peiniger tatsächlich, mit ihrer Gewalt eine gute Tat zu vollbringen und das Land vor Terrorist_innen zu schützen, die für das Geld der Europäischen Union oder der Vereinigten Staaten einen Staatsstreich in Belarus durchführen wollten.

Abgesehen von finanziellen Interessen, ließen sich all diese uniformierten Menschen in zwei große Kategorien einteilen: Die erste Kategorie umfasste diejenigen, die die Zivilist_innen aus ideologischen Gründen gefoltert haben. Zur zweiten Kategorie gehörten reine Sadisten, die den Schmerz und die Erniedrigung anderer genossen. Und es war schwer zu beurteilen, welche dieser Gruppen erschreckender war. Sie alle vereinte die Carte blanche, die sie von der Regierung für das Massaker an der eigenen Bevölkerung erhalten hatten.

Nach einer qualvollen Nacht auf den Polizeistationen wurden die Menschen schließlich in Gefängnisse gebracht. In Minsk wurden viele in das berüchtigte Gefängnis in der Akrescinastraße gefahren. Bevor sie in ihre Zellen kamen, wurden sie erneut erniedrigt – sie mussten sich nackt ausziehen und bis zur völligen Erschöpfung Kniebeugen machen. Manchen wurden demonstrativ die Haare abgeschnitten, die verbliebenen weißen Armbänder wurden mit Messern abgetrennt, was nicht selten Schnittverletzungen mit sich brachte. Eine junge Frau hatte geschwollene Finger und konnte ihren Ehering nicht abnehmen. Nachdem ihr gedroht wurde den Finger gleich abgeschnitten zu bekommen, geriet sie in Panik und riss den Ring samt der Haut ab.

Es herrschte ein katastrophaler Platzmangel. Die Zellen boten unter normalen Umständen Platz für maximal sechs Insass_innen. Doch an manchen Tagen mussten sich bis zu 60 Personen eine Zelle teilen. Die Menschen standen dicht gedrängt, wie in der Nacht, als sie im Transporter zu den Stationen gebracht wurden. Sie hatten kaum die Gelegenheit sich hinzusetzen, an Liegen war erst recht nicht zu denken. Das Licht war ununterbrochen eingeschaltet, es war unmöglich, Schlaf zu finden. – Oft ersetzte die Ohnmacht den Schlaf.

Es fiel den Menschen schwer zu atmen und viele baten darum, kurz in den Innenhof an die frische Luft gehen zu dürfen. Stattdessen wurden sie in den Korridor hinausgebracht und erneut mit Schlagstöcken misshandelt. Danach sagten die Wachmänner: »Der Spaziergang ist beendet« und schickten sie zurück in ihre Zellen. Die Geschlagenen gaben auf und versuchten ruhig zu sein, um in der Enge keine zusätzliche Luft zu verschwenden. Zu dieser Zeit wussten sie nicht, dass auch die Innenhöfe bis auf den letzten verbliebenen Winkel mit Gefangenen vollgestopft waren. Auf einer Fläche von sechs mal acht Metern standen dort bis zu 120 Personen.

Die Menschen wurden mehrere Tage lang nicht verpflegt. Manchmal bekamen sie einen Laib Brot, der für 80 Personen ausreichen sollte. Aber selbst in dieser Situation blieben die Menschen solidarisch und versuchten den Laib in 80 gleiche Stücke zu reißen. Einige gaben ihren Anteil sogar denen, die ihn besonders brauchten. Eine Toilette stand den Gefangenen nicht zur Verfügung, stattdessen wurde ihnen in unregelmäßigen Abständen ein Eimer gebracht. Ständig lief er über und sein Inhalt verteilte sich auf dem Boden.

Immer wieder holten die Wärter Menschen aus ihren Zellen, um sie erneut zu demütigen. Einige Männer wurden absichtlich in die Nähe der Frauenzellen gebracht und dort heftig geschlagen, damit die Frauen ihre Schreie und ihr Stöhnen hören konnten. Aufgrund der andauernden Angst und dem unglaublichen Stress bekamen viele Frauen ihre Periode, aber niemand brachte ihnen Hygieneartikel.

Ständig waren Schreie zu hören – von benachbarten Zellen, Korridoren oder vom Hof. Eines Nachts hörten die Menschen einen Schlag, darauf folgte ein Schrei, dann ein weiterer Schlag – die Schreie wurde immer lauter. Und nach dem dritten Schlag herrschte plötzlich Totenstille.

Nicht nur die Gewalt war sehr schrecklich, sondern auch die Ungewissheit. Niemand wusste, was man ihnen als Nächstes antun würde. Wie lange mussten sie hierbleiben? Wussten ihre Angehörigen, wo sie sich aufhalten? Würden sie womöglich sogar getötet werden?

Die Menschen versuchten sich gegenseitig zu beruhigen – als jemand in Panik geriet, umarmten sie ihn und sagten: »Kumpel, beruhige dich, wir werden hier nicht getötet, wir leben immerhin in einen Rechtsstaat in der Mitte Europas.« Sie wussten jedoch, dass ihnen weder die geographische Nähe zu zivilisierten Ländern noch ihre humanistischen Werte helfen konnten. Aber die Menschen klammerten sich an positive Gedanken, um sich nicht eingestehen zu müssen, wie deprimiert und demoralisiert sie waren.

Das Gefängnis war mit örtlichen Beamt_innen, der Bereitschaftspolizei und Leuten in Zivil (offenbar Mitglieder des KGB) besetzt, die dafür sorgten, dass kein_e Insass_in von Gewalt verschont blieb. Es gab nur wenige, die sich gemäß ihrem Statut verhielten und ihre Befugnisse nicht überschritten. Einige von ihnen gaben in unbeobachteten Momenten sogar Wasser und Zigaretten an die Häftlinge weiter – mit dem Risiko, von ihren Kolleg_innen erwischt und bestraft zu werden. Die meisten verhielten sich jedoch wie unmenschliche Sadist_innen. Besonders grausam war eine junge Frau namens Kristina. Sie war bekannt für ihren sexuellen Sadismus. Sie schlug Männer in die Leistengegend, drohte ständig mit Vergewaltigungen und beschwerte sich angewidert über diejenigen, die weinten und sich »wie Mädchen« verhielten.

Tatsächlich gab es Verletzungen, die auf sexuellen Missbrauch zurückzuführen sind. Zahlreiche Zeugen sagten später aus, dass sie Männer in ihren Zellen hatten, denen von hinten die Hosen weggeschnitten wurden. Niemand wagte sie zu fragen, was mit ihnen geschehen war und sie selbst schwiegen – vermutlich aus Scham. Zu einem späteren Zeitpunkt erreichten uns detaillierte Zeugenaussagen von Männern, die ihre echten Namen nicht nennen wollten. Sie erzählten, wie sie auf unterschiedliche Weise mit Knüppeln vergewaltigt wurden. Einige noch im Gefangenentransporter, die anderen in den Gefängnissen. Einer von ihnen war minderjährig – er wird nicht der einzige gewesen sein.

Von den Tausenden Gefangenen wurden mehr als 250 in Krankenhäuser eingeliefert. Viele Menschen hatten Schussverletzungen, Knochenbrüche, äußere und innere Blutungen, einige hatten Epilepsie. Die Notärzt_innen durften jedoch nur Menschen mitnehmen, die sich in lebensbedrohlichem Zustand befanden. Darunter fielen Gefangene mit Schädelfrakturen oder Verletzungen der inneren Organe. Die Ärzt_innen waren vom breiten Spektrum der Verletzungen schockiert, die das Ausmaß der Gewalt dokumentierten, dem die Gefangenen ausgesetzt waren. Sie versuchten, so viele Menschen wie möglich aus diesen grauenhaften Orten zu retten. Aber sie wurden bei ihrer Arbeit ständig von den Wachen kontrolliert. Die Wachen inspizierten die Krankenwagen und wenn sie der Meinung waren, dass die Verletzten in keinem kritischen Zustand waren, zogen sie sie wieder heraus. Als die Menschen später in großer Zahl aus den Gefängnissen entlassen wurden, waren viele von ihren unbehandelten Verletzungen so geschwächt, dass sie sich nicht mehr auf ihren eigenen Beinen halten konnten.

Vor und hinter den Gefängnismauern

Nach drei bis vier Tagen der Unsicherheit und Angst wurden zahlreiche Menschen aus der Haft entlassen. Zuvor wurden sie einzeln oder in kleinen Gruppen in Räume geführt, in denen mit Sturmhauben vermummte Menschen saßen, um Anklageschriften auszufüllen. Den Gefangenen war verboten, den Kopf zu heben und dem Personal in die Augen zu schauen. Sie wurden dazu gezwungen, die Dokumente zu unterschreiben, ohne zu lesen, was ihnen vorgeworfen wurde. Es waren offizielle Eingeständnisse ihrer Schuld. Die Tatsache, dass viele Menschen überhaupt nichts mit den Protesten zu tun hatten, interessierte keinen. Wenn Menschen sich weigerten zu unterschreiben, ohne wenigstens den Inhalt des Dokumentes zu kennen, wurden sie wieder gefoltert beziehungsweise für weitere Tage im Gefängnis festgehalten – bis sie schlussendlich bereit waren zu unterschreiben.

In den meisten Protokollen wurde festgehalten, dass die Inhaftierten an illegalen Massenveranstaltungen teilgenommen, provokante Slogans und Schimpfwörter gerufen und Widerstand gegen die Polizei geleistet hätten. Einige Anwesenden hörten, wie Mitarbeiter_innen untereinander diskutierten, welche Art von Anschuldigungen sie ihnen zuschreiben sollten, und manchmal teilten sie willkürlich mehrere Arten von Anschuldigungen auf verschiedene Personengruppen auf.

In seltenen Fällen wurden Häftlinge ohne rechtliche Verfahren aus dem Gefängnis entlassen – als wären sie nie dort gewesen. Für sie war es noch schwieriger zu beweisen, dass sie unrechtmäßig verhaftet und gequält worden waren. Die Mehrheit, die die Anklageschriften unterschreiben musste, wartete auf die Gerichtsprozesse.

Die Prozesse fanden in dem Gefängnis statt, in dem die Häftlinge zuvor festgehalten wurden. Jede Verhandlung – auch wenn dieses Wort der Situation nicht entspricht – dauerte in der Regel nur wenige Sekunden. Das Urteil schien bereits festzustehen, denn jeder wurde für schuldig befunden und zu einer Haftstrafe von 13 bis 15 Tagen verurteilt. Ein Mann flehte die Richterin an, ihm statt der Haft eine Geldstrafe zu verhängen. Aber die Richterin antwortete: »Sie haben eine Frau und ein kleines Kind, die Geldstrafe wird für Sie ein finanzieller Schock sein, deshalb ist es besser für Sie, 13 Tage im Gefängnis zu bleiben.« Die Aussichtslosigkeit der Situation war den meisten Menschen bewusst, und sie beugten sich ihrem Schicksal.

Trotz des Urteils wurden die meisten Gefangenen absurderweise sofort nach ihrem Gerichtsverfahren vorzeitig entlassen. Allerdings mussten sie ein Dokument unterschreiben, demzufolge sie bei einer erneuten Festnahme und Verurteilung mit der doppelten Strafe rechnen mussten. Diese Einschüchterungsmethode sollte sie dazu bringen, zukünftigen Protesten fernzubleiben. Doch die Menschen, die damals in belarusischen Gefängnissen solche Schrecken erlebt hatten, waren zumeist schon so verängstigt und gebrochen, dass sie ohnehin nicht mehr auf die Straße gehen wollten.

Die Entlassungen erfolgten überwiegend im Laufe der Nacht oder am frühen Morgen. Die Aufmerksamkeit der Öffentlichkeit sollte vermieden werden. Vor den Gefängnissen waren jedoch zahlreiche Menschen versammelt. Zumeist Angehörige und freiwillige Helfer_innen von Menschenrechtsorganisationen. Für die ehemaligen Häftlinge war dies eine große Erleichterung, da sie ihre Habseligkeiten in vielen Fällen nicht zurückbekamen und so nicht mittellos auf der Straße standen.

Die Gefängnismauern waren eine Grenze zwischen zwei Welten mit ihren unterschiedlichen Systemen. In der einen war alles auf Angst und Zwang aufgebaut, die Gefangenen wurden moralisch und physisch zerstört. In der anderen Welt haben die Menschen mit Verständnis und Fürsorge auf sie gewartet. Die Freiwilligen errichteten Zeltlager in der Nähe der Gefängnisse und besetzten diese vierundzwanzig Stunden am Tag. Sie gaben den entlassenen Gefangenen Wasser, warmes Essen, Kaffee, Zigaretten, Kleidung und Hygieneartikel. Sie sammelten alle Informationen, erstellten Listen aller Gefangenen und aktualisierten sie in Telegramm-Chats geradezu im Minutentakt. Auf diese Weise konnten Angehörige erfahren, ob und wo eine vermisste Person wieder auftauchte. Die Gefängnisse selbst gaben keine Informationen darüber weiter.

Das Zeltlager beherbergte auch Ärzt_innen, die die entlassenen Personen sofort untersuchten, behandelten und gegebenenfalls in Krankenhäuser brachten. Zusätzlich warteten zahlreiche Menschen mit ihren Autos in unmittelbarer Nähe, um die Gefangenen kostenlos nach Hause zu bringen. Viele der ehemaligen Gefangenen schreckten vor der Unterstützung zurück, weil sie nach so vielen Tagen der Gewalt vollkommen erschöpft waren und den Glauben an das Gute fast verloren hatten. Außerdem schämten sie sich, weil sie schmutzig, blutverschmiert und mit zerrissener Kleidung auf der Straße standen.

Die Freiwilligen waren von Anfang an tagelang in der Nähe der Gefängnisse im Einsatz, so dass sie alle Schreie hinter den Mauern hörten. Sie hätten den Gefangenen gerne ihre Unterstützung zugerufen, doch sie mussten leise sein. Sie durften nicht den Zorn der Gefängniswärter_innen wecken und entsprechend noch mehr Gewalt auslösen. Besonders beängstigend war es nachts, wenn ganz Minsk in Stille versank, aber aus den Gefängnissen ständig das Schlagen von Knüppeln sowie schmerzverzerrte Schreie zu hören waren. Nach und nach begann die Öffentlichkeit immer mehr darüber zu erfahren, was die Inhaftierten zu ertragen hatten.

An einem der Tage nach der Wahl kam der stellvertretende Innenminister Aliaksandr Barsukoŭ in das Gefängnis in der Akrescinastraße. Die Menschen auf der Straße fragten ihn, was seine Untergebenen den Menschen in den Gefängnissen, ihren Angehörigen, antaten und warum ständig Schreie zu hören waren. Sie baten ihn verzweifelt um Hilfe und riefen ihn dazu auf, die Folterungen im Gefängnis einzustellen. Aber Barsukoŭ antwortete ihnen in aller Ruhe, dass im Gefängnis niemand geschlagen worden sei, dass er persönlich mit jedem der Gefangenen gesprochen habe und sie alle in den Zellen gut ernährt seien. Als die empörte Menschenmenge begann, ihn zu umzingeln und zu schreien, verschwand er sehr schnell in seinem großen Auto. Einer der Menschen, die seinen Besuch im Gefängnis persönlich erlebten, der estnische Staatsbürger Edgar, erzählte mir später, wie der Besuch vorbereitet worden war: Kurz bevor Barsukoŭ kam, wurde Essen, Seife und Toilettenpapier in die Zelle gebracht. Als Barsukoŭ dann kam, fragte er: »Wurden Sie hier geschlagen?« – »Nein.« »Haben Sie Essen bekommen?« – »Ja«. »Wenn Sie die Dokumente unterschreiben, werden Sie bald entlassen. Wenn nicht, wird das Auswirkungen auf Ihre Zukunft haben. Jetzt wird eine Frau kommen und Ihnen dieselben Fragen noch mal stellen.« Und dann kam eine Frau und dokumentierte mit einer Videokamera, wie die Leute – die davon träumten, so schnell wie möglich aus dem Gefängnis zu kommen! – sagten, sie seien nicht geschlagen worden und hätten zu essen bekommen.

Weder die Inhaftierten und ihre Angehörigen noch die Bürger_innen hätten sich je vorstellen können, dass eine solche Gewaltausübung der Regierung gegen die eigene Bevölkerung möglich war. Keiner von uns hätte sich vorstellen können, dass ein Mensch in seinem Heimatland entführt, gefoltert und dann wieder auf die Straße geworfen werden kann, gedemütigt und zum Schuldeingeständnis gezwungen. Doch so war es. In den staatlichen Medien aber wurde OMON als Opfer von Konflikten mit radikalen Demonstranten dargestellt.

Durch die Folter waren viele Menschen sowohl körperlich als auch psychisch völlig zerstört. Viele hatten Angst vor vorbeifahrenden Autos und vor Fremden oder trauten sich überhaupt nicht mehr in die Öffentlichkeit. Die Menschen konnten nicht schlafen, sie erwachten in Panik und hatten Angst vor jedem unbekannten Geräusch. Sie träumten von Polizisten, Hundegebell und Schreien. Jedes laute Geräusch erinnerte sie an Granatenexplosionen und Schüsse. Tausende von Menschen werden für den Rest ihres Lebens mit den Traumata zu kämpfen haben.

Diese von Gewalt und Ungerechtigkeit geprägten Augusttage haben eine Trennlinie in der Geschichte von Belarus gezeichnet – zwischen Gut und Böse, zwischen Vergangenheit und Zukunft. In diesen Tagen zeigte das Regime sein wahres Gesicht und selbst die unpolitischsten Menschen in Belarus konnten sich von diesem Anblick nicht abwenden. Schließlich ging es nicht mehr nur um Politik, Macht oder Präsidentschaftswahlen. Es ging um die Würde des Menschen, die mit Füßen getreten worden war. Es ging um die brutalen Folterungen, bei denen Menschen so viel Leid erfahren mussten, dass sie lieber sterben wollten. Es ging um das Leben und den Tod eines jeden von uns, denn die Unterdrückungsmaschine machte an diesen Tagen keine Unterscheidungen mehr, sie zerstörte wahllos. Diese Tage haben unser Leben und unser Land für immer verändert.

Woher kommt die Gewalt?

Es war für uns alle nicht nachvollziehbar, wie man Menschen so menschenunwürdig behandeln kann. Es schien doch, als ob die Schrecken physischer Gewalt solchen Ausmaßes im 21. Jahrhundert zumindest in Europa ein Ende gefunden hätten, aber Belarus erwies sich als eine grausame Ausnahme.

Warum verhält sich die Polizei und das Militär so, warum quälen sie Tausende von Menschen? Sicherlich wissen sie doch, zumindest zu einem winzigen Teil, dass die Gerechtigkeit nicht auf ihrer Seite ist. Es ist schwer vorstellbar, dass diese Menschen nie, nicht einmal eine Sekunde lang, an der Rechtmäßigkeit oder Moralität ihrer Handlungen zweifeln. Irgendwo in ihnen muss es doch ein Bewusstsein dafür geben, dass sie Verbrecher sind – im Sinne der belarusischen Verfassung, des internationalen Rechts und des Menschenrechts überhaupt. Immer und immer wieder versuche ich zu verstehen, zumindest theoretisch, was diese Menschen antreibt und wie sie als Menschen so unmenschlich sein und handeln können.

Die Polizisten werden bezahlt für die Misshandlungen, Demütigungen und überhaupt jede Art von Verletzung, die sie Demonstrant_innen – oder Passant_innen, die sich zufällig zur falschen Zeit am falschen Ort aufhalten – antun. Der Staat kümmert sich um sie. Sie leben im Moment. Die meisten haben offenbar gar keine eigenen moralischen Prinzipien, für sie gibt es kein gut und schlecht. Sie führen lediglich Befehle aus.

Die Gewalt beruht auf diesem Mangel an Prinzipien. Sie können alles tun, und wenn sie keinen moralischen Kompass haben, können sie nachts nach ihren Verbrechen seelenruhig einschlafen. Manche mögen geplagt sein von dem sozialen Druck, weil sie mitbekommen, dass viele Menschen die Gewalt nicht akzeptieren. Von ihren Befehlshabern aber werden sie in Sicherheit gewogen und in ihrem Tun bestätigt. Reflexion über die eigenen Handlungen oder die Übernahme von Verantwortung dafür wird nicht nur nicht gefördert, es ist vielmehr gar nicht erwünscht. So wird es ihnen leichtgemacht, die Augen zu verschließen vor ihren Gräueltaten, und das Etablieren einer eigenen Werteskala wird unterdrückt. Zudem wird das Befolgen von Befehlen für sie zur schlichten Gewohnheit, und sie haben gelernt, diese nicht zu hinterfragen.

Von der Menschlichkeit zur Grausamkeit sind es nicht viele Schritte. Wenn man sprichwörtlich ein Tier sein darf, dazu ermutigt wird, es sogar als Pflicht und Ehre bezeichnet wird; wenn man unerkennbar bleibt, seine Identität niemals preisgeben muss, mit Sturmhaube im Gesicht und Schlagstock in der Hand – dann ist es leicht, in diesen Abgrund zu rutschen. Die Anonymität verleiht den Polizisten Macht, alle haben Angst vor ihnen – und das zu Recht. Sie können alles tun und haben dabei die volle Rückendeckung vom Staat, Straffreiheit ist ihnen sicher. Ich glaube nicht, dass viele Menschen wissen, wie sie sich unter solchen Voraussetzungen verhalten würden.

Seit vielen Jahren wurden für die OMON bestimmte Personen ausgesucht. Wer sind sie – diejenigen, die zu solchen Sadisten wurden? Wer sind diejenigen, die sie zu solchen Sadisten ausgebildet haben? Immerhin wurden solche Menschen gezielt für das Regime ausgewählt und geformt.

Wir alle versuchen ständig, mit dem bösen und aggressiven Teil unseres Selbst – den wir alle haben – auf die eine oder andere Weise zivilisiert umzugehen. Wir unterdrücken unsere dunkle Seite, wir wollen nicht zur Bestie werden. Bildung, Aufklärung, Kultur, menschliche Erfahrung und das Erbe unserer Vorfahren helfen uns dabei. Aber für die Menschen des OMON hatte das alles keine große Bedeutung. Das hängt wahrscheinlich damit zusammen, dass diese Menschen nicht selten aus abgelegenen Kleinstädten und Dörfern kommen, als Kinder vernachlässigt wurden, Missbrauch erfahren haben oder schon früh ohne Eltern aufwachsen mussten. Ihre OMON-Laufbahn beginnen sie meist in jungen Jahren, mit 18 oder 19 Jahren. Sie haben noch kein gefestigtes Bild von der Welt und können noch leicht beeinflusst und in eine Richtung geformt werden.

Für mich repräsentieren die OMON-Polizisten das Böse, dem wir im Leben meist in kleineren Dosen begegnen – in uns selbst und in anderen. Das Böse, das sich nach und nach in uns einschleicht, in kleinen Schritten, so dass wir es nicht bemerken. Wir versuchen es zu unterdrücken, wenn wir es wahrnehmen, schämen wir uns. Aber manche Menschen unterdrücken es nicht, sie suchen sogar nach Wegen, das Böse auszuleben.

Ich versuche immer noch, diese Menschen zu verstehen und die Hintergründe für ihren Antrieb zu erfahren. Als Künstler beschäftige ich mich ständig mit zahlreichen Fragen, die darum kreisen: Wozu ist der Mensch fähig? Was leitet uns an? Zu welchen Schrecken und Freuden sind wir fähig? Und so habe ich versucht, diesen Menschen näherzukommen, hinter ihre Masken zu schauen. In Minsk versuchte ich, mit den Bereitschaftspolizisten zu sprechen, die uns den Weg versperrten, mit den Polizisten, die Autos anhielten, und sogar mit den Männern in Zivil (höchstwahrscheinlich Vertreter des KGB), die uns filmten, um weitere Informationen über uns zu sammeln und uns später zu verhaften. Ich erinnerte sie an Artikel 40, Absatz 3 des Strafgesetzbuches der Republik Belarus – »die Nichtausführung eines Strafbefehls unterliegt nicht der strafrechtlichen Verantwortung«. Aber in den meisten Fällen habe ich natürlich keine Antworten erhalten. Ich konnte in den Augen einiger von ihnen sehen, dass sie mich hörten und verstanden, aber nicht auf meine Worte eingehen konnten oder wollten. Ich bin mir sicher, dass die Mehrheit der Strafverfolgungsbeamten im Laufe ihrer langjährigen Ausbildung und Arbeit eine gewisse Immunität gegen die Beeinflussung durch ihre »Gegner« erworben hat. Nicht umsonst gibt es in praktisch allen belarusischen Institutionen (Universitäten, Unternehmen usw.) die Position eines »Leiters der ideologischen Arbeit«, dessen Handwerk die Indoktrination ist. In militärischen Strukturen wird auf die Definition der Ideologie und des Wertesystems besonders viel Wert gelegt. Wer sich dem militärischen Dienst verschreibt, hat Befehle bedingungslos auszuführen. Das lernt jeder schnell. Es gilt das System von Belohnung und Strafe.

Eine der stärksten Entdeckungen dieser Welt der Befehlsempfänger war für mich ein Besuch im KZ Buchenwald kurz nach meinem Umzug nach Weimar im Jahr 2016. Ich besuchte den Ort zufällig zum ersten Mal an einem Jahrestag der Befreiung des Lagers. Eine riesige Kolonne von Menschen mit Blumen ging langsam zum Lagertor, um an dem symbolischen Ort des Gedenkens an alle unschuldig Ermordeten Blumen niederzulegen. Unter ihnen waren ehemalige Häftlinge dieses Lagers, einige näherten sich langsam dem Denkmal, andere saßen im Rollstuhl. Begleitet wurde diese Veranstaltung von einer dreistündigen Führung durch das Lager, bei der der Führungsleiter ausführlich und systematisch über den Aufbau des KZ-Systems sprach. Eine Sache ist mir besonders im Gedächtnis geblieben: Wenn die Wachen Häftlinge töteten, von denen sie glaubten, dass sie zu fliehen versuchten, bekamen sie zusätzliche Urlaubstage gutgeschrieben. Diese Art der Ermutigung hat mir gezeigt, dass jede Gewalt möglich ist, wenn sie von oben legitimiert und unterstützt wird.

Natürlich können das nationalsozialistische und das aktuelle belarusische Regime nicht einmal annähernd miteinander verglichen werden, aber die Banalität des Bösen hat einen gemeinsamen Charakter. Es ist kein Zufall, dass nach den Ereignissen vom 9. und 11. August viele Belarus_innen begannen, Anhänger des Lukašenka-Regimes mit Faschisten zu vergleichen. Das Ausmaß der Gewalt in Belarus erinnerte sehr viele an die Ereignisse des Zweiten Weltkriegs. Im Jahr 2020 und in den 1940er Jahren sahen sich die Belarus_innen mit Menschen in Uniform konfrontiert, die die Bevölkerung mit Grausamkeiten ihrem Willen unterwarfen. Besonders verstörend ist, dass im Falle der Proteste im August 2020 die Leute auf der anderen Seite die eigenen Landsleute sind.

Ich versuche nicht, das Verhalten dieser Leute zu rechtfertigen, und ich werde ihnen kaum je verzeihen können. Wie viele meiner Landsleute versuche ich aber zumindest, sie nicht zu verachten, denn das würde einen weiteren Konflikt provozieren, uns aggressiver machen und uns auf ihr Niveau der rohen Gewalt reduzieren. Es ist schwierig, Mörder und Diebe nicht zu verachten, aber im Fall des belarusischen Protestsommers erwies sich das als entscheidender Faktor. Hätten die Belarus_innen sich von Anfang an systematisch und mit Gewalt gegen die ihnen zugefügte Gewalt gewehrt, wäre es zu einem Bürgerkrieg gekommen. Wer stärker und zäher gewesen wäre, hätte gewonnen. Wäre der Sieg auf der Seite der Demonstrant_innen gewesen, hätte es einen Machtwechsel in Belarus gegeben. Aber auf diesem Weg wäre es ein Wechsel von einem blutigen Regime zum anderen, und so wären wir nicht in der Lage gewesen, diesen Teufelskreis zu durchbrechen.

Die Besonderheit des belarusischen Protests ist seine unglaubliche Friedlichkeit. Belarus galt lange Zeit als friedliche Nation, die in den meisten Konflikten der letzten Jahrhunderte nicht angegriffen, sondern sich verteidigt hat. Gastfreundschaft, Friedfertigkeit und Fleiß gelten als wichtige Eigenschaften der belarusischen Mentalität. Dennoch waren viele Belarus_innen selbst überrascht, wie strikt sie angesichts des brutalen Regimes Lukašenkas die Gewalt ablehnten. Die friedlichen Demonstrant_innen erklärten Gewalt für sich als Tabu – und genau das machte sie stark und kreativ.

Solidarität

Die weißen Tage von Minsk

Am 12. August waren die meisten Menschen noch immer im Gefängnis, und wir kannten nur einen kleinen Teil des Leids, das sie zu ertragen hatten.

Ich wachte an diesem Morgen auf und las die ersten Nachrichten über die Folter in den belarusischen Gefängnissen. Ich war verzweifelt und fragte mich immer wieder, wie ich helfen könnte. Es war mir unvorstellbar, bis zum Abend zu warten, es musste sofort etwas geschehen. Vom alternativen Stab hat man wenig gehört und ich erreichte auch telefonisch niemanden von ihnen. Vermutlich standen sie noch wegen Cichanoŭskajas Verschwinden unter Schock und hatten große Angst – die meisten von ihnen wurden kurze Zeit später selbst festgenommen. Ich entschied mich ohne vorherigen Kontakt mit der offiziellen Opposition meinen Beitrag von ganz »unten« zu leisten. Es schien mir am effektivsten, mit der Öffentlichkeit zu sprechen, diesen Kreislauf – morgens zur Arbeit, nachts zum Bürgerkrieg – zu unterbrechen. An diesem Morgen beschloss ich, Flugblätter mit Streikaufrufen zu verteilen.

Ich schrieb einen kurzen Text, dass der Streik ein legales und effektives Mittel sei, um die eigene Meinung zum Ausdruck zu bringen, druckte mehrere hundert Flugblätter und fuhr in die Innenstadt.

Ich verteilte die Flugblätter in den Straßen von Minsk, an Bus-
haltestellen und in Innenhöfen. Zum krönenden Abschluss ging
ich zu einer Brücke im Stadtzentrum, unter der Passant_innen
liefen, und warf das verbliebene Bündel mit einem Schwung he-
runter. Es war ein schöner Anblick: Hunderte von Flyern flatter-
ten über die Menschen wie großes Karnevalskonfetti, die Leute
schauten sich überrascht um und fingen sie auf. Aber ich konnte
es mir nicht leisten, diesen Moment zu genießen und flüchte-
te sofort. Überall gab es Überwachungskameras, also beschloss
ich, vorsichtshalber so schnell wie möglich zu verschwinden und
meine Spuren zu verwischen. Später fand ich heraus, dass etwa
zur gleichen Zeit ein Mann im Stadtzentrum verhaftet wurde,
der alleine auf der Straße mit einem Plakat stand. Auf dem Plakat stand nur ein Wort – Streik. Offenbar war es ein Gedanke,
der viele durchdrang, aber wir hatten keine Ahnung, dass das
Wort bald das ganze Land erschüttern würde.

An diesem Morgen hatte ich die ersten Informationen über
eine Art von Protest in der Nähe des Zentralmarktes erhalten.
Mein Handy hatte ich nicht bei mir, um einer Ortung über das
GPS-Signal zu entkommen, und so machte ich mich auf den
Weg zum Markt, in der Hoffnung dort wenigstens einige De-
monstrant_innen zu finden. Ich war sehr deprimiert darüber,
dass viele Menschen die Schrecken der letzten Tage anscheinend
immer noch nicht wahrhaben wollten, und suchte nach jeglicher
Art von Solidarisierung.

Als ich mich dem Markt näherte, erkannte ich, dass ich das
gefunden hatte, was ich suchte. Schon von weitem konnte ich
sehen, dass eine große Anzahl von Menschen auf dem Marktplatz stand. Aber als ich näher kam, wollte ich meinen Augen
kaum trauen: In einer langen Schlange entlang des Platzes
standen Hunderte von Frauen. Sie waren in weiße Gewänder
gekleidet, manche hielten sich gegenseitig an den Händen fest,
andere hatten weiße Armbänder und Blumen in ihren Händen.
Alle schwiegen und es herrschte eine fast gespenstische Stille.

Zahlreiche Männer und Jungen standen auf der anderen Straßenseite, bewachten vorsichtshalber das Geschehen und waren von dieser Aktion mindestens genauso fasziniert wie ich. Einer der jungen Männer weinte. Später erfuhr ich, dass seine Freundin im Gefängnis war.

Es waren belarusische Frauen, von denen viele noch vor wenigen Tagen völlig gleichgültig gegenüber der politischen Situation in ihrem Heimatland waren. Nicht wenige von ihnen standen in der traditionellen belarusischen Gesellschaft oft im Schatten ihrer Männer und konzentrierten sich auf die Familie und den Haushalt. Aber nun gingen diese Frauen auf die Straße und protestierten, denn die Männer – ihre Ehemänner und Freunde, Söhne und Väter – waren verschwunden.

Von den Festgenommenen der ersten Tage war die Mehrzahl männlich, und am 12. August wussten viele ihrer Familien und Freund_innen noch immer nicht, wo sie festgehalten wurden. Die wenigen, die bereits entlassen wurden und zu ihren Lieben zurückkehrten, waren nicht wiederzuerkennen. Sie waren blutverschmiert, hatten zahlreiche Verletzungen und blaue Flecken, viele waren nicht in der Lage das Erlebte in Worte zu fassen.

Die Frauen sprachen sich klar und deutlich gegen die eskalierende Aggression aus und versuchten so, die Gewalt zu stoppen. Trotz der Gefahr, eventuell für ihre Aktion inhaftiert zu werden, überwanden sie ihre Angst und schlossen sich zusammen. Anstatt sich auf eine physische Auseinandersetzung einzulassen, wählten sie einen friedlichen Weg. Der Hässlichkeit der Gewalt setzten sie Liebe und Schönheit entgegen. Und das hatte einen größeren Effekt: Durch ihren stillen Protest weckten sie die innere Kraft der Menschen. Sie waren lauter als das tausendstimmige Dröhnen der vorbeifahrenden Autos oder der schreckliche Lärm von Schockgranaten. Das Weiß ihrer Kleidung im Widerschein der Augustsonne leuchtete hoffnungsvoll und reinigte uns von den blutigen Erfahrungen der vergangenen Tage. Und die Blumen in ihren Händen vereinigten die Kraft ihrer indivi-

12. August, U-Bahn Puškinskaja. Ort des Todes von Aliaksandr
Tarajkoŭski, der zur Gedenkstätte wurde. Auf dem Plakat der Frau steht:
»Heute ist mein Geburtstag, ich habe mir gewünscht, dass niemand
mehr getötet wird.« Darunter in klein: »Wir sind ein friedliches Volk!
Keine Gewalt mehr, bitte.«

duellen Schönheit mit der Kraft und Schönheit der Natur, als
wollten sie angesichts der mit Füßen getretenen Verfassung
und den degradierten Menschenrechten auf die ursprünglichen
Weltgesetze hinweisen, die in den vergangenen Tagen tief beleidigt worden waren.

Genau auf diesem Platz in der Nähe des Marktes hatten sich
den ganzen Mai über Belarus_innen versammelt, um ihre Stimmen für die Kandidat_innen abzugeben, die bei den Wahlen antreten sollten. Nachdem die Menschen nicht nur gesehen hatten,
wie ihre Stimmen gestohlen worden waren, sondern auch mit
welch unmenschlichem Hass und welcher Verachtung die Behörden sie behandelten, kehrten sie an genau diesen Ort zurück,
um dagegen zu protestieren.

Wie alle anderen Aktionen hatte auch diese keine bestimmten
Anführer_innen. Ursprünglich hatten ein paar Frauen die einfache Idee, dem blutigen Regime mit Hilfe von weißen Kleidern
und Blumen ihre Reinheit und Unschuld zu zeigen. Innerhalb
weniger Stunden verbreitete sich ihre Idee über zahlreiche Messenger-Dienste, deren Abonnentinnen vergleichbare Aktionen
in verschiedenen Teilen des Landes organisierten.

Aufgrund solcher einfachen und starken Ideen entstanden
in Belarus immer mehr neue friedliche Protestformate. Jeder
verstand, dass es aussichtslos war, gegen schwer bewaffnete Sicherheitskräfte zu kämpfen. Zudem war niemand dazu bereit,
die Sprache der sinnlosen Aggression zu sprechen. Es war offensichtlich, dass Aggression als Instrument der Einflussnahme
kurzfristig recht effektiv war. Aber diese Aggression war so pri-
mitiv und gefährlich, dass die Menschen es vorzogen, neue Mittel des Protests zu schaffen. Sie setzten die Protestarten durch,
die ihre verletzte Menschenwürde zeigen sollten. Und sie waren
selbst überrascht, wie stark ihre Würde war und wie viele Menschen in Belarus und in der ganzen Welt ihre Position teilten.

Vom Beginn der Proteste an teilten das autoritäre Regime
und die Menschen, die nicht nach seinen Regeln spielen woll-

ten, das Geschehen in zwei grundsätzlich verschiedene Zonen ein: physische Gewalt und geistiger Widerstand. Setzt man diese Situation mit der berühmten Maslow'schen Bedürfnispyramide in Beziehung, so haben sich die Behörden entschieden, die unterste Ebene – das physiologische und das Sicherheitsbedürfnis – anzugreifen, in der Hoffnung, dass alle anderen Ebenen wie ein Kartenhaus von selbst in sich zusammenfallen würden. Die Gesellschaft behielt währenddessen die Kraft und den Willen zum Widerstand auf der Ebene der höheren Bedürfnisse: soziale, individuelle und persönliche Erfüllung. Und der Versuch der Behörden, mit Hilfe der Repressionsmaschine an diese heranzukommen und sie zu beeinflussen, war wie der Versuch eines Affen, die Computertechnik zu erlernen und sie mit einem Schlagstock zu bearbeiten.

Kurz nach Beginn der friedlichen Frauenproteste traf die Bereitschaftspolizei auf dem Marktplatz ein. Die Ordnungshüter waren jedoch verwirrt und wussten nicht recht, was sie tun sollten. Zum einen waren sie noch nicht bereit beziehungsweise wagten sie noch nicht, wehrlose Frauen zu schlagen. Zum anderen war es erst 11 Uhr vormittags und es war zu provokant, vor allen Passant_innen bei Tageslicht Gewalt anzuwenden. In den Tagen zuvor verhielten sich die Gesetzeshüter wie Fledermäuse und gingen nachts auf die Jagd. Dies bedeutete eine geringere Öffentlichkeit auf den Straßen. Außerdem konnte die Legende gestrickt werden, dass aggressiv gesinnte Radikale in der Nacht unterwegs waren, um das Land und seine Ordnung anzugreifen. Aber das Tageslicht raubte ihnen den Schutz der Dunkelheit, und ihre Aggression hätte ihr Handeln weiter diskreditieren können. Sie konnten nicht mit Schlagstöcken gegen Blumen in den Händen der Frauen antreten. So forderten sie lediglich, dass die Frauen ihre illegale Kundgebung beenden sollten. Anstatt sich in Angst zu zerstreuen, beschlossen die Frauen jedoch, eine Prozession zu machen. Und so marschierten sie in einer großen weißen Kolonne durch das Zentrum von Minsk und lösten bei den Passant_innen Überraschung, Freude und Unterstützung aus. Seitdem sind solche Märsche in den Städten von Belarus zu den populärsten und effektivsten Aktionen geworden, die eine große Resonanz unter der Bevölkerung hervorrufen.

Nachdem die Frauen den Platz verlassen hatten, beschloss ich, zur U-Bahn Puškinskaja zu gehen, um dort Blumen zum Gedenken an Aliaksandr Tarajkoŭski abzulegen. Es war gerade einmal etwas mehr als ein Tag seit seiner Ermordung vergangen und die Menschen hatten dort bereits ein Mahnmal zum Gedenken an ihn errichtet. Als ich die Blumenverkäuferin ansprach, fragte sie nur: »Wie für alle anderen?« Ich nickte und sie gab mir weiße und rote Rosen. Sie und ihre Kollegen hatten an diesem Tag bereits zahlreiche Blumen verkauft, und manche Händler gaben ihre Blumen sogar kostenlos ab, um den Verstorbenen zu ehren und so ihre Solidarität mit den Demonstrant_innen auszudrücken.

Der mehrere Meter lange Zaun an der Straße war mit Blumen übersät. Die Menschen steckten sie in den Zaun und standen in einer Reihe daneben – schweigend, mit erhobenen Händen und weißen Bändern. An einer Stelle auf dem Bürgersteig war noch ein großer Fleck getrockneten Blutes zu sehen. Um ihn herum waren Kerzen abgestellt und eine weiß-rot-weiße Fahne gebildet worden. Jemand hatte ein Blatt mit der Aufschrift »Das Volk wird nicht vergessen« dort abgelegt. Immer mehr Menschen kamen und standen schweigend in einer langen Kette neben mir, die vorbeifahrenden Autofahrer_innen hupten aus Solidarität.

Eine junge Frau steckte ebenfalls Blumen in den Zaun und zog ein Plakat hervor, so dass vorbeifahrende Autofahrer den Inhalt lesen konnten. Auf dem Plakat stand: »Heute ist mein Geburtstag, ich habe mir gewünscht, dass niemand mehr getötet wird.« Darunter stand eine Zeile, die an den Beginn der Nationalhymne erinnerte: »Wir sind ein friedliches Volk! Keine Gewalt mehr, bitte.« Die Frau stand lange Zeit still da und weinte.

Als ich die Blumen am Zaun befestigte, bemerkte ich neben

mir eine Person. Es war Maryja Kaliesnikava. Sie stand mit einem weiß-rot-weißen Blumenstrauß neben mir, umgeben von einigen Kollegen aus dem vereinten Stab. Zum ersten Mal sah ich sie persönlich, bislang hatten wir nur per Telefon kommuniziert. Ich hätte mir unser erstes Treffen unter anderen Umständen erhofft.

Zu diesem Zeitpunkt hatte ich seit etwa sechs Monaten Kontakt zu Maryja. Anfang Februar rief ich sie aus München an. Sie hielt sich gerade in Stuttgart auf, zusammen mit Sergej Newski, der auf Grundlage von Sviatlana Alieksijevič' Buch »Secondhand-Zeit« eine Oper komponiert hatte, die im Februar an der Staatsoper Stuttgart uraufgeführt wurde. Ich wollte Maryja und Sergej zu einem musikalischen Educational-Projekt in der Militärregion der Ukraine einladen. Bei dieser Gelegenheit sprachen wir auch über eine mögliche Zusammenarbeit im Kulturraum OK16 in Minsk, dessen künstlerische Leiterin sie war. Doch die Pandemie, die sich wenige Wochen später ausbreitete, setzte dem ukrainischen Projekt ein Ende, und auch der Präsidentschaftswahlkampf in Belarus durchkreuzte unsere mögliche Zusammenarbeit in Minsk. Das OK16, das auf Initiative von Viktar Babaryka gegründet wurde, musste kurz nach seiner Verhaftung auf unbestimmte Zeit geschlossen werden.

Bis zur Verhaftung Babarykas und dessen Sohn war Maryja Kaliesnikava eine der Hauptkoordinator_innen seines Stabs, aber sie war in der Öffentlichkeit noch nicht sehr bekannt. Die Verhaftung von Viktar und Eduard am 18. Juni erforderte eine neue Teamleitung für die weitere Arbeit des Stabs. Nach dem bereits zuvor vereinbarten Plan war dies Maryja. Sie übernahm die Verantwortung und wurde gleichzeitig die Hauptsprecherin Viktars in der Öffentlichkeit. Auf diesem verworrenen Weg ist sie in die Politik eingetreten und der belarusischen Bevölkerung bekannt geworden.

Den ganzen Sommer über blieben wir sporadisch in Kontakt. Ich nahm Rücksicht auf ihre neue Aufgabe und verstand, dass sie nun sehr viel Zeit für ihr intensives Engagement aufwenden musste. Außerdem wollte ich den belarusischen Geheimdiensten keinen zusätzlichen Grund geben, Maryja regelmäßigen Austausch mit ausländischen Kontakten vorwerfen zu können.

Statt wie ursprünglich geplant, begegneten wir uns also nicht mit einem Taktstock und einer Flöte in einem Konzertsaal, sondern mit Trauerblumen neben einem Blutfleck auf den Straßen von Minsk. Da uns aufgrund der Ereignisse nicht nach Reden zumute war und sie nicht alleine war, vereinbarten wir, uns bald im Hauptgebäude des Stabs zu treffen. Aber auch das gelang uns nicht, denn es stellte sich heraus, dass der KGB den Stab ständig überwachte. Leider wurde es zu gefährlich, dorthin zu gehen.

Wir blieben gemeinsam eine Weile auf der Puškinskaja Straße und bildeten mit Hunderten von Menschen eine Solidaritätskette. Auf der belebten Straße fuhren ununterbrochen hupende Autos an uns vorbei – die Solidarität wurde nicht nur von Privatmenschen in gewöhnlichen Autos, sondern auch von Fahrer_innen der öffentlichen Versorgungsbetriebe, Bussen und Lastwagen ausgedrückt. Plötzlich brach das Hupkonzert ab und die Straße war leer – Passant_innen warnten uns, dass die Polizei die benachbarte Kreuzung blockiert hätte, und sie befürchteten, dass die Beamten bereits auf dem Weg zu uns waren. Anstatt uns zu zerstreuen, gingen wir einfach auf die andere Straßenseite, damit die Sicherheitskräfte nicht die Möglichkeit hatten, uns sofort festzunehmen. Aber sie tauchten nicht auf. Vermutlich um bei Tageslicht kein großes Aufsehen zu erregen. Die Polizei entschied sich für die friedlichere Methode und blockierte die Straße, um die akustische Unterstützung zu unterbinden. Wir blieben trotzdem dort, klatschten aus Protest laut in die Hände, und jemand schrieb in riesigen Lettern auf den Asphalt: »Wir werden nicht vergessen, wir werden nicht verzeihen« und »Er wollte leben!«

An diesem Tag erfuhren wir bestürzt von einem weiteren Todesfall. Der fünfundzwanzigjährige Aliaksandr Vichor starb in der Stadt Homiel. Am Abend des 9. August war er auf dem Weg zu seiner Freundin und wurde im Stadtzentrum von unbekannten Personen festgehalten. Die letzten Worte, die seine Mutter am Telefon von ihm hörte, waren: »Da sind ein paar Leute in Uniform, ich rufe zurück, wenn möglich.« Seine Eltern fuhren mehrere Tage lang alle Polizeistationen und Gefängnisse in der Stadt ab, in der unermüdlichen Hoffnung, ihn zu finden. Aber sie erhielten keine Informationen. Später stellte sich heraus, dass Aliaksandr in einem Polizeiwagen mit Tränengas besprüht und dann verprügelt worden war, was zu Komplikationen wegen seiner chronischen Herzinsuffizienz führte. Er fing an zu schreien und die Polizeibeamten, die dachten, er hätte den Verstand verloren, brachten ihn in eine psycho-neurologische Ambulanz. Als sich herausstellte, dass er in eine besser ausgestattete Klink gebracht werden musste, war Aliaksandr bereits klinisch tot. Seine Eltern erfuhren lange Zeit nichts davon, und während sie mit Essen und warmer Kleidung für ihren Sohn unterwegs waren, wurde seine Leiche bereits von Gerichtsmedizinern untersucht. Als sie über seinen Tod benachrichtigt wurden, sagte man ihnen, ihr Sohn sei an plötzlichen Herzproblemen gestorben. Sie gelangten jedoch an einen Teil des gerichtsmedizinischen Berichts, und dort stand, dass Aliaksandr ein Hirnödem und Rippenbrüche hatte. Seine Eltern, die für Lukašenka stimmten und Wert auf Stabilität und Ordnung im Land legten, waren sich sicher, dass ihr Sohn schwer misshandelt worden war und keine rechtzeitige Hilfe bekommen hatte.

Eigeninitiative

Am nächsten Morgen beschloss ich, mich noch aktiver an den Protesten zu beteiligen. Ich wollte mehr Menschen erreichen und sie dazu aufrufen, ihre Augen nicht weiter vor den ungerechten Taten des Regimes zu verschließen. Nachdem ich meine

Unterkunft verlassen hatte, besorgte ich mir ein großes Stück Pappkarton und zog mich in einen ruhigen Innenhof zurück. Dort gestaltete ich mein erstes eigenes Protestplakat. Am Eingang des Innenhofes standen Arbeiter, die etwas reparierten, und aus einer Türe kamen ab und zu Frauen für eine Zigarettenpause heraus, die aufmerksam dem manipulierten Programm der staatlichen Radiosender lauschten. Anscheinend hatte ich ihr Interesse geweckt, und sie beobachteten mich aufmerksam. Sie sahen aus wie die typische Wählerschaft Lukašenkas: Frauen um die fünfzig, in einfacher Kleidung und mit typischen Frisuren. Ich befürchtete, sie könnten mich jeden Moment bei der Polizei melden, und versuchte, mein Plakat so schnell wie möglich fertigzustellen. Doch dann kam eine der Frauen auf mich zu und sagte zu mir: »Wir haben mit den Arbeitern am Eingang gesprochen und sie gebeten, uns ein Signal zu geben, falls die Polizei hierherkommt. Wir verstecken Sie, falls nötig.« Damit hatte ich nicht gerechnet – ich schämte mich für meine Vorurteile und dafür, dass ich sie für Sympathisantinnen Lukašenkas gehalten hatte. Doch in der momentanen Situation vertraute man einfach niemandem blind.

Fest entschlossen ging ich mit meinem Plakat auf einen der zentralsten und verkehrsreichsten Prospekte in Minsk. Es war Hauptverkehrszeit, ich wollte so viele Menschen wie möglich erreichen. Auf mein Plakat hatte ich eine Botschaft geschrieben, die mir sehr wichtig erschien – insbesondere nach der Verhaftung der Alternativkandidat_innen und dem Verschwinden Cichanoŭskajas – »Wir haben keine Anführer, nun hängt alles von jedem Einzelnen von uns ab«. Zunächst stand ich alleine dort und hielt mein großes Plakat so hoch, dass es jede_r Autofahrer_in sehen konnte. Wenn die Ampel auf Rot sprang, stauten sich die Autos in großer Anzahl und die Fahrer_innen hupten eifrig zustimmend. Viele von ihnen lächelten, zeigten anerkennend mit ihren Daumen nach oben oder machten das Victory-Zeichen. Manche öffneten ihr Fenster und riefen mir

13. August, Minsk, Unabhängigkeitsallee *(Praspiekt Niezaliežnasci)*.
Vitali Alekseenok mit einem Plakat, auf dem steht: »Wir haben keine
Anführer, nun hängt alles von jedem Einzelnen von uns ab.« Daneben
sind Menschen mit weißen Armbändern und mit zum Victory-Zeichen
gehobenen Händen zu sehen.

ein »Danke« entgegen. Bald wurden auch die Passant_innen auf mich aufmerksam und blieben stehen, um meine Botschaft zu lesen. Immer mehr von ihnen stellten sich neben mich, und mit der Zeit bildete sich eine große Gruppe von Menschen, die entschlossen ihre weißen Armbänder zeigten. Viele von ihnen strahlten große Freude darüber aus, in diesem Strom der Solidarität zu sein. Und aus dieser Freude heraus wurde die Solidarität größer und nahm unvorstellbare Ausmaße an.

Immer wieder hielten direkt neben mir Autofahrer_innen an und gaben mir Bananen, Wasserflaschen und Süßigkeiten. Sie wollten mit ihren Geschenken Leute wie mich unterstützen, die unter der heißen Augustsonne am Straßenrand für die Gerechtigkeit in unserem Land einstanden. Es kam ganz unerwartet, und wir haben uns sehr über ihre Unterstützung gefreut. Wir gaben die Sachen in die uns umgebende Menschenmenge weiter, so dass sich jeder für den Protest stärken konnte.

Ich stand stundenlang da, badete in den zustimmenden Klängen, sah meine lächelnden Mitmenschen an und las Freude und Hoffnung in ihren hellwachen Augen. Die Frauenprozessionen, die am Vortag in der Nähe des Zentralmarktes begonnen hatten, hatten ein unglaubliches Ausmaß angenommen und große Gruppen von Menschen – alle in Weiß und mit Blumen – liefen an uns vorbei. Manche hielten an und machten Fotos mit uns. Mitten in diesen Prozessionen habe ich zahlreiche Bekannte erkannt, die ich seit meinem Umzug ins Ausland vor neun Jahren nicht mehr gesehen hatte. Mit einigen hatte ich gemeinsam in Minsk studiert, mit anderen war ich in Vilejka zur Schule gegangen. Es freute mich sehr, dass mir bekannte Gesichter an den Solidaritätsmärschen teilnahmen.

Irgendwann beschloss ich, aus Neugierde und dem Wunsch, etwas Neues zu tun, auf dem breiten Prospekt entlangzulaufen. Ich lief neben den vorbeifahrenden Autos entlang, das Plakat stets hoch in der Luft. Als ich mich umdrehte, sah ich, dass mir immer mehr Menschen folgten. Offensichtlich orientierten sie sich an mir und so liefen wir ein paar Kilometer die Straßen entlang. Wir waren zu einem eigenen Protestzug geworden, auf den immer wieder Leute aufsprangen und ich dachte über den Text meines Plakats nach. Mir wurde bewusst, dass wir in diesem Moment keine Anführer_innen mehr brauchten, wir hatten bereits Ideen und Gefühle in uns und mussten sie nur mit anderen Menschen teilen. Wir inspirierten uns gegenseitig und bestärkten uns in dem Glauben, dass wir gewinnen würden – früher oder später. Wir waren der festen Überzeugung, dass wir es schaffen können – woran wir jahrzehntelang nicht glauben konnten. Aber als wir uns trauten und sahen, wie viele von uns da waren, da wurde uns bewusst, wie stark wir waren, da gab es kein Zurück mehr.

Als wir den Jakub-Kolas-Platz erreichten, konnte ich nicht glauben, was ich sah: Alle Bürgersteige entlang des riesigen Platzes waren voller Menschen. Ihre hellen Kleider und Blumen empfingen uns schon von weitem mit noch größerer Freude und einem Gefühl der Feierlichkeit. Als Zeichen der Solidarität hielten die Menschen ein mehrere hundert Meter langes weißes Band in ihren Händen. Unsere Gruppen verschmolzen miteinander und wir bildeten gemeinsam einen noch größeren Protest.

Es war unglaublich. Ich wurde von meinen Emotionen überwältigt, die nur mit der stärksten künstlerischen Erfahrung zu vergleichen sind, die ich zuvor auf der Bühne erlebte, als ich zusammen mit hundert Orchestermusikern über die Tonsprache von Schmerz und Schönheit, Sterben und Unsterblichkeit sprach. Auf irgendeiner unterbewussten Ebene spürte ich, dass sowohl die große Kunst als auch die Explosion der Solidarität hier auf den Straßen von Minsk ihre lebensspendende Kraft aus der gleichen Quelle beziehen – der Grenzenlosigkeit und dem Triumph des menschlichen Geistes. Wie Schiller wollte man ausrufen: »Seid umschlungen, Millionen!« – und die Menschen umschlangen sich tatsächlich, lächelten, gingen mit Freude nebeneinander her und befreiten sich mehr und mehr von ihren Ängsten und Komplexen. Wie nach einem langen und kalten Winter begannen die Belarus_innen, ihre graue und schwere Kleidung abzulegen und sich einander zu öffnen. Endlich mussten sie nicht mehr alles mit misstrauischen Blicken begutachten und ständig in Habachtstellung sein. Sie mussten nicht mehr ihre Schilde bereithalten, um sich vor möglichen Schlägen zu schützen.

Endlich war es möglich, aufrichtig und offen zu sein und sich nicht dafür zu schämen, seine Begeisterung und Glückseligkeit ganz offen zu zeigen. Wir konnten unsere Freude einfach miteinander teilen und sie wahllos an alle weitergeben – und je mehr wir gaben, desto mehr bekamen wir zurück. Wir entblößten unsere Seelen, ließen sie in eine Richtung fliegen und waren überrascht von der Schönheit ihres Fluges. Uns wurde immer deutlicher, dass wir in diesem Moment näher zusammenrückten und eine Gemeinschaft waren, die aus Solidarität und Liebe zu unseren Mitmenschen zusammengehalten wurde. Am liebsten wäre ich durch die Menge gegangen und hätte dieses positive Gefühl aufgesaugt, um es an die Menschen weiterzugeben, die in ihrem Leben noch nicht die Chance hatten, es zu fühlen. Für jene unglücklichen Menschen, die in Gefängnissen so gefoltert wurden, dass die Wände noch immer in der Frequenz ihres Stöhnens mitzuschwingen scheinen. Für diejenigen, die sich ihr ganzes Leben lang an das Schweigen gewöhnt haben und ihre Ängste nie loswerden konnten. Und an die, die nicht mehr unter uns waren, die nie mehr die neuerwachte Bevölkerung mit eigenen Augen sehen konnten. Die neuen befreiten Menschen, von denen damals jeder ganz selbstverständlich den Grundsatz verwirklichte – »Liebe deinen Nächsten *und* dich selbst«.

Geschichten der Solidarität

Diese Solidaritätswelle war vielleicht die massivste und emotionalste in unserer modernen Geschichte. Damals wurde sie zum Geist und Fleisch unseres Seins, wie eine Idee, deren Zeit gekommen war. Meine vorherige Sorge, dass die Belarus_innen selbst unter solch schrecklichen Umständen den Kopf nicht aus dem Sand ziehen könnten, verwandelte sich in Erstaunen darüber, welche Kraft wir mit unserer Solidarität wecken können. Auf der Straße haben wir uns gegenseitig inspiriert und beflügelt – es fühlte sich an wie ein Rausch. Die Energie, die bei den Straßenmärschen freigesetzt wurde, hat uns auch für andere Aktionen Kraft gegeben.

Eine große Gruppe von Ärzt_innen aus unterschiedlichen Krankenhäusern ging mit Informationen an die Öffentlichkeit, die das noch nie da gewesene Ausmaß vergleichbarer Verletzungen darlegten. In Belarus gab es von Beginn der Corona-Pandemie an einen großen Zusammenhalt von Ärzt_innen, die aus den Reden des Präsidenten schnell verstanden, dass sie keine Hilfe vom Staat zu erwarten hatten. Einige sahen schon damals, wie gefährlich die Krankheit sein konnte, wenn keine Sicherheitsmaßnahmen getroffen wurden, und wie groß der Unterschied zwischen den offiziellen Statistiken und dem war, was sie aus der Erfahrung ihrer Kollegen im ganzen Land erfuhren. Damals haben sie sich alle zusammengetan, um den Menschen in Belarus zu helfen, die so massiv erkrankten, während die Behörden die Situation ignorierten. Und nun mussten sie Menschen helfen, die von denselben Behörden vorsätzlich gequält und verletzt wurden. Die weiße Farbe ihrer Arbeitskittel verschmolz perfekt mit der Farbe des Protests, und sie machten sich mit allen Mitteln bemerkbar. Sie konnten nicht in den Streik treten, denn sie mussten und wollten den Menschen weiterhin helfen. Aber mit Hilfe von Aktionen, offenen Briefen und Video-Statements wurden ihre lautstarken Stimmen in der belarusischen Öffentlichkeit gehört.

Die ungerechtfertigte Gewalt wirkte sich auch negativ auf das Regime selbst aus. Als Zeichen des Protestes gegen die kriminellen Auswüchse ihrer Autorität begannen schon in den ersten Tagen der Proteste viele Bereitschaftspolizisten zu kündigen. Einige von ihnen traten aus freien Stücken zurück, andere wurden entlassen, weil sie bestimmte Befehle nicht befolgten. Viele der Entlassenen gaben dazu öffentliche Erklärungen ab, sie nahmen Videoappelle auf oder schickten den unabhängigen Medien Fotos mit ihrer Rücktrittserklärung und den abgenommenen Schulterklappen. In den Gebäuden der Macht ließen sie mitsamt ihren Schulterriemen auch die Verantwortung für das Blutvergießen zurück, um ihr Gewissen nicht weiter damit zu beschmutzen.

Dutzende solcher Entlassungen im ganzen Land schufen eine sehr gefährliche und schwächende Atmosphäre innerhalb der Machtstrukturen, da diese Entscheidungen auch Auswirkungen auf andere Beamt_innen haben konnten. Viele von ihnen hätten sich fragen können, warum ihre Kolleg_innen und Freund_innen gehen, vielleicht gäbe es objektive Gründe dafür. Damit verlagerte sich der Schwerpunkt ihres Denkens von der Staatsideologie, derzufolge die Protestierenden allesamt Terrorist_innen sind, auf persönlichere Gedanken über die Legitimität von Handlungen und die Ehre eines Offiziers. Deshalb versuchten die Behörden von Beginn an, solche Kündigungen und Rücktritte mit aller Härte zu unterdrücken. Einige der ehemaligen Beamt_innen wurden kurz nach ihrer Entlassung selbst von ihren vormaligen Kolleg_innen verhaftet. Die Behörden wollten sich damit nicht nur an den Verräter_innen ihres blutigen Regimes rächen, sondern auch anderen zeigen, dass eine Abkehr in einer Zeit, in der Gehorsam gegenüber den Machtstrukturen besonders notwendig ist, eine direkte Bedrohung für die Sicherheit aller Andersdenkenden bedeuten kann.

Die Behörden sicherten sich nicht ohne Grund durch repressive Maßnahmen ab, denn viele Gesetzeshüter_innen waren erstmals wirklich dazu bereit, sich gegen das Regime zu wenden. Jedoch befanden sie sich schon zu lange Zeit in einer direkten Abhängigkeit vom Staat. Um ihre Arbeitsverträge vorzeitig zu beenden, mussten viele von ihnen eine horrende Geldsumme an die Regierung zahlen. Nicht jeder war dazu bereit, die meisten hatten schlicht nicht das Geld dafür. Die Gesellschaft verstand die missliche Situation und versuchte, den solidarischen Polizist_innen zu helfen. Einer der erfolgreichsten belarusischen IT-Spezialisten, der in den USA arbeitete, meldete sich zu Wort. Mikita Mikado verkündete, dass er und seine Firma PandaDoc bereit seien, alle finanziellen Kosten der Ordnungshüter_innen vollständig zu übernehmen, wenn sie ihren Dienst verlassen wollen. Dieses Angebot hat sich als äußerst erfolgreich erwiesen; innerhalb weniger Tage gaben etwa 600 Mitglieder der Strafverfolgungsbehörden Anträge auf Unterstützung ab. Mikado und seine Mitarbeiter_innen hatten jedoch nur Zeit, um die Hälfte davon zu bearbeiten. Ein paar Wochen nach seinem großzügigen Angebot kamen Gesetzeshüter_innen in das Minsker Büro der Firma und durchsuchten es. Vier führende Manager_innen wurden festgenommen. Das Regime fühlte sich so in die Ecke gedrängt, dass es die Initiative mit Verhaftungen und Einschüchterungen zerstörte.

Dieser und ähnliche Fälle haben den IT-Sektor in Belarus stark beeinflusst. Vertreter_innen der Informationstechnologien wurden schon vor den Wahlen zu den wichtigsten Unterstützer_innen der Demonstrant_innen. Es waren wohlhabende Leute, deren monatliches Einkommen oft ein Vielfaches des Durchschnittslohns im Lande betrug. Sie gingen nicht wegen finanzieller Probleme auf die Straße, sondern für die Forderung nach Freiheit und Solidarität mit anderen Bürger_innen. Diese Gruppe von Menschen verärgerte Lukašenka zutiefst.

Seit die Regierung begonnen hat, IT-Unternehmen anzugreifen, haben viele Firmen vorübergehend geschlossen oder sind in andere Länder umgezogen. Die Nachbarländer, insbesondere die Ukraine, begannen, besonders günstige Bedingungen für die Umsiedlung dieser Fachkräfte zu schaffen, damit sie selbst von einem hochentwickelten und erfolgreichen belarusischen IT-Business profitieren konnten. Die belarusische Wirtschaft litt spürbar, aber die Behörden hörten nicht auf, das Privatgeschäft zu zerstören. Dissens stellte im autoritären belarusischen Staat kurzfristig eine viel größere Bedrohung dar als der materielle Verlust.

Streiks

Die Beweise des ideologischen Terrors auf den Straßen und in den Gefängnissen von Belarus wurden jeden Tag größer und erwiesen sich als so erschreckend, dass sich der Schock auf die ganze Gesellschaft ausbreitete, unabhängig von der Höhe des Einkommens und der Abhängigkeit vom Staat. Zum ersten Mal in der modernen belarusischen Geschichte gab es Massenstreiks in Fabriken und Betrieben des ganzen Landes. Dies war höchst ungewöhnlich, da die Arbeiter_innen früher eine der Haupt-wähler_innengruppen Lukašenkas waren, die in ihm einen charismatischen Vertreter der Arbeiter_innenklasse sahen, der sich sehr verständlich und überzeugend für sie aussprach. Seit Jahren hatten sie trotz ihres geringen Gehalts Angst, ihren Arbeitsplatz zu verlieren, weil es keine Alternativen gab. Aber in der aktuellen Situation konnten sie die Gewalt und die Lügen, die ihnen von den Fernsehbildschirmen entgegengeschleudert wurden, nicht mehr ertragen.

Große und kleine Unternehmen im ganzen Land stellten ihre Arbeit ganz oder teilweise ein, die Arbeiter_innen versammelten sich an den zentralen Standorten der Unternehmen und tauschten sich aus. Die Leiter_innen der Betriebe versuchten, sie zur Fortsetzung ihrer Arbeit zu überreden, aber die Arbeiter_innen stellten ihre eigenen Bedingungen: ein Ende der Gewalt und die

Nichtanerkennung der Wahlen. Jedoch gelang es den beiden Seiten nicht, einen Dialog zu führen. Die Leiter_innen sprachen immer wieder davon, was für ein schönes Land wir haben und dass die Meinung der Arbeiter_innen durch radikale Telegram-Kanäle beeinflusst würde. Auf die Frage über die Wahlsituation antworteten die Leiter_innen, dass die Wahlen fair waren, was allerorts eine große Empörung auslöste. Besonders aufschlussreich war die Reaktion der Arbeiter_innen in einem der Betriebe in Hrodna. Einer der Anführer_innen des Streiks forderte alle auf, ehrlich die Hände zu heben, die für Lukašenka gestimmt haben – mehrere einsame Hände von Führungskräften gingen hoch. Nachdem der Name von Sviatlana Cichanoŭskaja genannt wurde, gingen auf dem Platz unter lauten Rufen Hunderte von Händen in die Höhe.

Um die Arbeiter_innen zu unterstützen, kamen viele Menschen in die Fabriken, brachten ihnen Essen, aber auch Informationen über ihre Rechte. Das Streikrecht ist in Artikel 41 der belarusischen Verfassung verankert, ebenso wie das Recht, sich in Gewerkschaften zusammenzuschließen. Unabhängige Gewerkschaften gab es in Belarus vor dem Sommer kaum, um den Menschen keine zusätzliche Chance zu geben, sich zu vereinigen und als Gruppe von Menschen mit den gleichen Interessen stärker zu werden. Deshalb wurden sowohl Streiks als auch unabhängige Gewerkschaften von den Behörden streng unterdrückt, und schon bald rückte in einigen Betrieben die Bereitschaftspolizei an. Sie vertrieben die Außenseiter_innen und zwangen die Arbeiter_innen, in die Betriebe zu gehen. Sie wurden unter Polizeibewachung dazu gezwungen zu arbeiten.

Zusammen mit einigen Freund_innen besuchte auch ich verschiedene Fabriken in Minsk. Große Gruppen von Menschen bildeten sich an den Eingängen und warteten darauf, dass die Arbeiter das Gebäude verließen. Während wir warteten, lernten wir uns kennen: So stand ich in der Gesellschaft einer Lehrerin, einer Kunstkritikerin und eines Privatunternehmers, von denen keiner vorher wusste, wo sich diese Unternehmen überhaupt befinden. Aber es war für uns alle wichtig, diese Menschen zu unterstützen, die unter einem unglaublichen Druck der Behörden standen.

Als die Arbeiter_innen das Gebäude verließen, sah ich in ihre Gesichter und ihr Ausdruck variierte von überrascht, müde, glücklich bis hin zu ängstlich. Doch viele von ihnen lächelten, als sie die riesige Menschenmenge sahen, die sich mit ihnen solidarisierte, viele zeigten mit ihren Fingern ein Siegeszeichen, wofür sie einen stürmischen Applaus erhielten. Einige blieben stehen und sprachen über die Situation im Werk und die Versuche der Leitung, sie einzuschüchtern. Aber es gab auch eine ziemlich große Anzahl von Menschen, die versuchten, das Gebäude unbemerkt zu verlassen. Ich stand direkt am Ausgang und konnte an ihren Gesichtern sehen, wie schwierig die ganze Situation für sie war. Sie waren zerrissen, einerseits durch die Solidarität der Gesellschaft, andererseits durch die Fabrikleitung und die Polizei. Auf der einen Seite standen Gewissen und Mut, auf der anderen Angst und Schrecken.

Einige Streiks wurden mit Verhaftungen, Entlassungen und Einschüchterungen unterdrückt. In vielen Fabriken setzten sich die Proteste fort, die oft in eine verdeckte Form des Dienstes nach Vorschrift übergingen. Die Produktivität senkte sich dabei auf ein Minimum, während der äußere Rahmen erhalten blieb. Solche Arten von Streiks wurden zu einem der Wege des für Belarus_innen schon traditionellen Partisanenkampfes, in dem die Menschen heimlich den Widerstand gegen das Regime fortsetzten.

Eine weitere wichtige Entwicklung waren die Streiks bei den staatlichen Fernseh- und Radiosendern. Trotz der Tatsache, dass praktisch alle staatlichen Sender auf die eine oder andere Weise mit der Regierungspropaganda in Verbindung gebracht wurden, gab es eine ganze Reihe von Mitarbeiter_innen in den Studios, die mit dem Vorgehen der Behörden nicht einverstanden waren, insbesondere nach der Gewalt, die sie gesehen hatten. Viele prominente Moderator_innen und Mitarbeiter_innen von Fernsehsendern traten zurück, denn bei den Protesten wurden teilweise auch ihre Angehörigen verhaftet und verprügelt. Zu einem bestimmten Punkt wurde der Streik so groß, dass es einen Personalmangel gab und man gelegentlich leere Studios im Fernsehen sehen konnte. Bei Radio Stalica, einem der führenden Radiosender in Belarus, kündigte fast das gesamte Personal.

Die Proteste bei den Fernsehsendern waren ebenso wie die Streiks der Arbeiter_innen ein Schlag gegen das Regime, der eine seiner Schwachstellen offenlegte. In den 1990er Jahren gelang es Lukašenka, die staatlichen Medien zu unterwerfen, seitdem arbeiteten sie unermüdlich zu seinen Gunsten und versorgten die Öffentlichkeit mit Informationen, die für die Behörden von Vorteil waren. In der gegenwärtigen kritischen Situation bestand jedoch die große Gefahr, dass das Informationsmonopol gebrochen werden würde und jemand im Fernsehen die Seite der Realität zeigen würde, die wohl seit Beginn der Perestroika bewusst versteckt wurde. Das Regime war sehr besorgt, dass die Situation auf den staatlichen Kanälen aus dem Ruder laufen würde, und versuchte daher mit viel Kraft, sie zu normalisieren. Die Gebäude wurden von der Polizei abgesperrt, im Inneren wurden ideologische Gespräche mit den Mitarbeiter_innen geführt. Es wurde praktisch ein Kriegszustand verhängt: Offiziere der Spezialkräfte in Sturmhauben und mit Gewehren in der Hand waren täglich in den Fluren der Gebäude im Einsatz. Die Mitarbeiter_innen mussten unter dem Visier von Maschinengewehren arbeiten, einige der Mitarbeiter_innen wurden gefeuert.

Es wurden so viele entlassen, dass es unmöglich war, solche Lücken in kurzer Zeit wieder zu füllen. Und dann unternahmen die Behörden einen überraschend einfachen und gewagten Schritt: Da Belarus nicht über eine ausreichende Anzahl von ausgebildeten und regimetreuen Journalist_innen verfügte, importierten sie Dutzende von Journalist_innen aus Russland. Diese Leute waren Mitarbeiter_innen offizieller russischer Sender und hatten nicht weniger Erfahrung in Propaganda als ihre belarusischen Kolleg_innen. Im Gegenteil, ihre Professionalität machte sich schon bald bemerkbar. Neben dem typisch russischen Akzent brachten sie geschicktere Methoden mit, um der Öffentlichkeit besser zu zeigen, dass die Proteste angeblich von einer kleinen Gruppe bezahlter Radikaler organisiert wurden.

Wenngleich die belarusische Propaganda der sowjetischen Propaganda ähnelte, bei der im Fernsehen einfach eine alternative Realität geschaffen wurde, klammerten sich die Russ_innen an einige reale Ereignisse und versuchten, sie zugunsten des Regimes auszulegen. Anstatt etwas zu den manipulierten Wahlen zu sagen, begannen sie zum Beispiel zu behaupten, dass Cichanoŭskajas Programm unhaltbar sei und das Land ins Chaos führen würde. Niemand hat nicht mal versucht zu erwähnen, dass der Hauptpunkt ihres Programms in Wirklichkeit die Durchführung neuer ehrlicher Wahlen in den nächsten Monaten nach Lukašenkas Abgang war. Auch dank der russischen Propaganda sind in Belarus lokale Troll-Armeen aufgetaucht – eine Gruppe von Menschen, die Hunderte oder Tausende von fiktiven Profilen in sozialen Netzwerken verwalteten. Diese fiktiven Nutzer hinterließen zahlreiche negative Kommentare auf den Seiten der Oppositionellen und erweckten so den Anschein, dass die Bevölkerung deren Aktivitäten nicht unterstützt und die Mehrheit die Herrschaft Lukašenkas schätzt und liebt. Dies war besonders in den ersten Tagen auffällig, als einige Aktivist_innen bereits solche Informationsparasiten auf ihren Seiten hatten, während andere noch nicht befallen wurden. Ein weiterer wichtiger Punkt der politischen Propagandatechnologien war, eine allgemeine Überzeugung dafür zu schaffen, dass mit Lukašenkas Abgang Belarus in die »wilden 90er Jahre« zurückkehren würde: Die staatliche Ordnung würde zusammenbrechen, das Banditentum würde zurückkehren, das Land würde sich in einer prekären geopolitischen Lage befinden und von Feinden aus der NATO und der Europäischen Union erobert werden.

Eine der wichtigsten Thesen der Propagandamedien war jedoch der Versuch, die Menschen davon zu überzeugen, dass dem Protest der Opposition die Luft ausgegangen sei und er bald ganz vorbei sein würde. Zu diesem Zweck wurde die offizielle Zahl der Demonstrant_innen ständig absichtlich nach unten korrigiert, und die Behörden begannen, dem Beispiel Russlands folgend, Kundgebungen zu organisieren, in denen die Menschen für Stabilität und ihren aktuellen Präsidenten eintraten. Aus dem ganzen Land wurden Menschen mit Bussen und Zügen zu solchen Kundgebungen gebracht, es wurden ihnen Prämien versprochen – und bei Nichtbefolgung mit Entlassungen gedroht. Vor den Kundgebungen wurden ihnen gedruckte Plakate mit offizieller belarusischen Symbolik ausgehändigt und ihnen wurden die Slogans beigebracht, die sie rufen mussten, während die offiziellen Medien sie filmten. Einige Leute waren damit nicht einverstanden, und viele Menschen zögerten, an solchen Kundgebungen teilzunehmen. Es gab aber auch eine bestimmte Anzahl an Menschen, die es gerne gemacht hat. Auf den offiziellen Bildern konnte man später sehen, dass einige versuchten ihre Gesichter vor den Kameras zu verbergen. Bei den Kundgebungen »Für Belarus« mit rot-grünen Nationalflaggen war zu beobachten, dass an vielen Autos die Nummernschilder abmontiert wurden, damit die Menschen nicht identifiziert werden konnten.

Mit solchen alternativen Kundgebungen versuchten die Behörden, ein Bild der Massenunzufriedenheit zu generieren und die Bevölkerung davon zu überzeugen, dass die Oppositionsbewegung bereits am Ende sei. Das Hauptziel aber bestand darin, den Willen der Demonstrant_innen zu brechen, denn auf diese Weise würde die unterdrückte und demotivierte Bevölkerung wieder depressiv werden und nicht mehr an ihre Macht glauben.

Sie würden in den gewohnten Trott zurückkehren und die Hoffnung wieder begraben.

Aber trotz der Bemühungen der Propagandist_innen sind die Proteste nicht abgeklungen. Im Gegenteil, sie sind immer weiter gewachsen. Die Solidarität erfasste alle Bevölkerungsschichten, alle Altersgruppen und alle Regionen des Landes. Auf den Straßen trafen sich Wissenschaftler_innen mit Arbeiter_innen und Student_innen mit Rentner_innen. Wirkten die Pro-Regime-Kundgebungen immer eintönig und gezwungen, weil sie eine künstlich geschaffene und mit begrenzten Mitteln dargestellte Realität repräsentierten, so waren die Protestkundgebungen voll lebensfroher Vielfalt. So wie das Wasser durch einen offenen Damm den ganzen Raum zu füllen begann, so fanden die Ideen der Demonstrant_innen ihre Umsetzung in allem, was zu finden war – in kreativen Plakaten, Symbolen, Slogans und Kleidung. Die Leute drückten nicht nur ihre bürgerliche Position aus, sondern machten ein Kunstwerk daraus. Der Grausamkeit und der Begrenztheit des Lebens überdrüssig, begann der Protest, mit allen möglichen Farben zu spielen. Mit ihrer Offenheit, Freiheit und Aufrichtigkeit war die Kreativität eine der Möglichkeiten, sich von den eckigen Formen des postsowjetischen Totalitarismus zu emanzipieren, der allen die Haare auf die gleiche Weise gekämmt hatte. Jeder fand auf den Straßen seine eigenen Wege, um sich zu reinigen und seine bürgerliche Position zu bekräftigen. Überraschenderweise war eine solche Reinigung für viele von uns die Musik – was mich persönlich besonders freute.

Musik und Kunst als Protest

Einen der ersten Tage der »hellen« Proteste verbrachte ich ganz mit musikalischen Aktionen. Schon früh am Morgen versammelten sich Musiker_innen aus ganz Minsk auf dem Platz vor der Philharmonie. Wir standen in mehreren Reihen über den

Minsk, Platz vor der Philharmonie. In einem der täglichen Konzerte vor
der Philharmonie haben das vereinte Orchester und der Chor unter der
Leitung von Vitali Alekseenok das Werk »Sommer am Ufer der Freiheit«,
Lieta na bierazie Voli, uraufgeführt. Text – Andrej Chadanovič, Musik
– Volha Padhajskaja. Das Foto ist nach der Uraufführung entstanden.

Platz verteilt, jeder von uns brachte ein Bild einer Fermate mit, ein musikalisches Stoppschild. Damit forderten die Musiker_innen, die Gewalt in den Gefängnissen zu stoppen, und drückten ihre Solidarität mit den Streiks von Unternehmen im ganzen Land aus. Alle kamen ohne Instrumente und standen schweigend dort, um zu zeigen, dass auch sie sich den Streiks anschließen und nicht musizieren. Jemand hielt ein Transparent mit der Aufschrift »Wie singt man ohne Stimme?« hoch. Unterschrieben war es mit: eine Stimme, die am 9. August gestohlen wurde.

Doch irgendwann merkten wir, dass wir nicht mehr schweigen konnten, und begannen mit geschlossenen Mündern leise Kupalinka (ein belarusisches Volkslied) zu summen. Dieses langsame melancholische Lied, das von einem Mädchen im Mittsommer erzählt, hatte bis zu diesem Tag nichts mit der Proteststimmung zu tun. Wir begannen es intuitiv zu singen, weil jede_r Belarus_in diese Melodie aus der Kindheit kennt. Wir standen und wiederholten dieses Lied mehrere Male, immer mit geschlossenem Mund – die Behörden versuchten uns allen den Mund zu verbieten, aber das Singen konnten sie uns nicht verbieten. Seitdem bekam das Lied eine völlig neue Bedeutung, durch seine traurige Melodie konnten die Menschen ihren Schmerz ausdrücken. Seine Popularität und seine Einfachheit haben uns alle vereint. Ein paar Wochen später, als die Ordnungshüter wieder damit begannen, die Demonstrant_innen brutal zu verhaften, sangen die von Männern in Uniform umgebenen Menschen, die keine Hoffnung mehr hatten, die Absperrungen zu durchbrechen, Kupalinka und hielten sich vor den Maschinengewehren stehend an den Händen. Der damals verhaftete Dichter Uladzimir Liankievič antwortete auf die Frage des Richters, warum er dieses Lied gesungen habe: »Wenn man singt, hat man weniger Angst.«

Nur wenige Menschen dachten darüber nach, dass die Geschichte der Schöpfer von Kupalinka sehr enge Anklänge an die aktuellen tragischen Ereignisse hatte: sowohl der Autor des Textes, Michaś Čarot, als auch der Komponist der Musik, Uladzimir Teraŭski, wurden vom NKVD (dem Prototyp des heutigen KGB) wegen des Verdachts auf antisowjetische Aktivitäten verhaftet. Čarot wurde in der Nacht vom 29. auf den 30. Oktober 1937 erschossen, während der sogenannten »Nacht der erschossenen Dichter«, als der sowjetische Geheimdienst innerhalb weniger Stunden mehr als 100 Künstler_innen tötete. Während einiger der bis dahin dunkelsten Stunden des Landes verlor Belarus seine besten Schriftsteller_innen, Dichter_innen und Wissenschaftler_innen. Ein Jahr später wurde der Komponist Uladzimir Teraŭski zum polnischen Agenten erklärt und ebenfalls erschossen.

Nach der Aktion vor der Philharmonie wurden die musikalischen Aktionen an verschiedenen Orten in der Stadt fortgesetzt. Alumni der Musikhochschule versammelten sich in der Nähe ihrer Alma Mater, um ebenfalls gegen die Gewalt und Manipulationen zu protestieren. Die Rektorin der Musikhochschule, eine überzeugte Pro-Regime-Leiterin, versuchte, ehemaligen Student_innen zu verbieten, sich in der Nähe der Hochschule zu versammeln, sie wollte sich selbst nicht gefährden. Aber es versammelten sich so viele Absolvent_innen, dass sie alle Stufen am Eingang besetzten und es war unmöglich sie aufzuhalten. Sie sangen die geistliche Hymne »Mächtiger Herr« *(Mahutny Boža)*. Ursprünglich hieß die Hymne »Gebet«. Das Werk, dessen Text von Natallia Arsiennieva 1942 im von den Nazis besetzten Minsk geschrieben wurde, ist ein Gebet für Belarus, das viel Leid ertragen musste. Arsiennieva selbst empfand zu Beginn der Besatzung die Deutschen als Retter und arbeitete bei einer Zeitung, die mit Nazis sympathisierte. Wie viele andere dachte sie, dass es nichts Schrecklicheres als den stalinistischen Terror gibt, aber es wurde bald klar, wie falsch sie lag. Während die Autoren von Kupalinka erschossen wurden, war das Schicksal des Autors von »Mächtiger Herr« Arsiennieva und des Komponisten Mikola

Ravienski eine weitere Alternative der Andersdenkenden – die Emigration.

Als die Absolvent_innen der Musikhochschule ein musikalisches Gebet sangen, fanden zufällig in der Nähe Prozessionen von Gläubigen statt – Menschen verschiedener christlicher Konfessionen zogen mit Ikonen durch das Zentrum der Stadt. So verwoben sich die Worte von Dichter_innen und kanonische Texte zu einem einzigen Gebet für eine bessere Zukunft unseres Landes, in der es keinen Platz für die Schrecken von 1937, der 1940er Jahre oder des Jahres 2020 geben wird.

Ein paar Stunden später veranstalteten die Mitarbeiter_innen des Opernhauses ein großes Konzert auf dem Platz vor dem Theater. Vor Beginn des Konzerts veröffentlichten sie eine offene Erklärung von Hunderten von Mitarbeiter_innen, in der es hieß, dass die Ereignisse der letzten Tage uns an den Punkt gebracht haben, an dem es kein Zurück mehr gibt – die Gewalt gegen Menschen muss aufhören und die Täter_innen müssen bestraft werden. Neben populären Werken von Bizet, Tschaikowski und Mascagni sangen sie den Chor der jüdischen Gefangenen aus Verdis Oper Nabucco, »Va, pensiero«. Dieser Chor ist seit seiner Entstehung im Jahr 1841 eines der berühmtesten Symbole für musikalischen Protest und Hoffnung auf Gerechtigkeit. Eine große Menge von Zuhörer_innen versammelte sich um die Musiker_innen, viele kamen mit Oppositionssymbolen. Ich hörte diesem Chor zu, dessen Klang sich mit dem unerbittlichen Dröhnen der Autohupen vermischte, und zum ersten Mal wurde mir so richtig bewusst, welche Hoffnung und Kraft die Italiener während der Zeit des Risorgimento empfunden haben müssen. Als dieses Stück geschrieben wurde, war Italien noch kein geeinter Staat und die Menschen hatten eine lange Reise vor sich, um eine Nation zu werden. Etwas Ähnliches sollte 180 Jahre später den Belarusen bevorstehen. Der Text des Werkes spricht von dem Gedanken eines verbannten, gejagten Volkes, das trotz allem nach Licht strebt und das Leid, das dieses Volk ertragen musste, überwindet.

In jenen Tagen begann sich eine wichtige August-Tradition zu etablieren: Jeden Tag um 13 Uhr fanden vor der Philharmonie kleine Solidaritätskonzerte mit Instrumentalist_innen und Sänger_innen statt. Die Nachricht davon verbreitete sich schnell, und jeden Tag war der Platz vor der Philharmonie voll mit Zuhörer_innen, die auf uns warteten. Wir spielten die oben beschriebenen Musikstücke sowie die offizielle Hymne von Belarus aus der Zeit vor Lukašenka, »Pahonia«. Speziell für diese Konzerte schrieb der berühmte belarusische Dichter Andrej Chadanovič ein neues Gedicht »Sommer am Ufer der Freiheit« (*Lieta na bierazie Voli*), das er der Komponistin Volha Padhajskaja widmete. Er verschlüsselte auch die Widmung im Titel, da »Freiheit« und »Volja« (Verkleinerungsform des Namens »Volha«) im Belarusischen gleich geschrieben werden. Aus diesem Gedicht hat Padhajskaja ihrerseits in wenigen Tagen das Werk für Chor und Orchester gemacht, das ich mit den Musiker_innen der Philharmonie und des Opernatheaters uraufführte. So entstand auf der Straße, vor Hunderten von dankbaren Zuhörer_innen, ein ungewöhnlich helles und hoffnungsvolles Werk, das davon erzählt, wie die Hoffnung in die Stadt einzieht und die Angst aus ihr vertreibt, die Sonne der neuen Tage unsere Herzen öffnet, wobei gestohlene Stimmen zu einem vielstimmigen Chor werden.

Der Platz vor der Philharmonie wurde zur improvisierten Bühne sowie zum Podium für verschiedene Redner_innen. Unter der Begleitung des Chors mit geschlossenen Mündern trug die Dichterin Julia Cimafiejeva ihre Werke über Angst und deren Überwindung vor, Philosoph_innen lasen Texte über Freiheit von John Locke. Zu verschiedenen Zeitpunkten versammelten sich dort Lehrer_innen und Ärzt_innen, um zu den Menschen zu sprechen. Die neue belarusische Protestkunst beinhaltete mehr und mehr eine Mischung aus verschiedenen Genres und Stilen. Das hatte keinen dekorativen Charakter, sondern eine starke Aussage, die auch die Menschen stärkte. Auf den Straßen von Minsk entstand neue Kunst, die mit unglaublicher Überzeugungskraft durch Worte, Klänge und visuelle Bilder zum Publikum sprach. Die Straßen ersetzten die Galerien. Die täglich vor der Philharmonie stattfindenden Konzerte dauerten mehrere Wochen, bis Unbekannte in Zivil auf dem Platz erschienen und alle auftretenden Künstler_innen mit Kameras filmten, um sie zu identifizieren und anschließend zu verhaften. Die letzten Konzerte, die wir dort gaben, wurden von Polizeilautsprechern begleitet, die uns aufforderten sofort zu verschwinden.

In der zweiten Augusthälfte wurde der »Freie Chor« *(volny chor)* ins Leben gerufen. Dieser Chor bestand aus professionellen Sänger_innen, Instrumentalist_innen und Amateur-Chormitgliedern, die sich an verschiedenen Orten in Minsk versammelten und mehrere Stücke a cappella sangen. Die meisten dieser Musikstücke hatten sich bereits als Protestmusik bei musikalischen Aktionen im Umfeld der Philharmonie etabliert. Der Chor war ein musikalischer Organismus mit ständig wechselnden Teilen – da wir in den ersten Wochen jeden Tag auftraten, wechselten immer wieder die Dirigent_innen und Chormitglieder.

Der Freie Chor trat zum ersten Mal in einer der zentralen Einkaufspassagen auf. Alle Chormitglieder setzten sich Masken auf, die damals in Belarus nicht immer getragen wurden, verteilten sich auf drei Etagen des Gebäudes und stellten sich so weit wie möglich voneinander entfernt auf, ohne die_den Dirigent_in aus den Augen zu lassen. Die_der Dirigent_in stand in der Regel irgendwo unten in der Mitte und gab den Takt vor. Die ganze musikalische Aktion dauerte etwa sechs bis sieben Minuten, danach verschwanden die Musiker_innen einfach und niemand verstand, was gerade geschehen war, wer sang und wohin sie alle gingen.

Die Anonymität der Darsteller_innen sowie die völlige Unvorhersehbarkeit von Ort und Zeit der Aufführungen schufen einen Nimbus des Geheimnisvollen und weckten großes öffentliches Interesse. Der Chor trat in Einkaufszentren, U-Bahn-Stationen und Bahnhöfen auf, aber auch bei einigen Innenhofkonzerten. Die überraschten Leute versuchten oft herauszufinden, wie sie zur nächsten Vorstellung kommen können, aber diese Informationen wurden nicht preisgegeben. Man könnte meinen, dass die Anonymität übertrieben war, da die Leute schließlich nur Lieder sangen. Aber die nächsten Wochen zeigten, dass das belarusische Regime selbst in solchen Dingen streng urteilte – einige meiner Freund_innen und Kolleg_innen, die in der Leitung des Chores tätig waren, wurden später verhaftet. Durch die Anonymität war jeder Auftritt umso einzigartiger, und zufällige Passant_innen freuten sich, dass sie das Glück hatten, dieses neue, aber bereits legendäre Vokalensemble live zu hören. Viele sangen mit, und so war es noch schwieriger festzustellen, wer ein offizielles Chormitglied war und wer nur spontan mitmachte. Während der Auftritte, bei denen ich selbst dirigierte, sah ich zahlreiche Passant_innen aus nächster Nähe – sie schauten sich fasziniert um und hörten aufmerksam zu. Da die_der Dirigent_in die_der einzige offensichtliche Teilnehmer_in an der Veranstaltung war, waren meine Kolleg_innen und ich die einzigen, die große Anerkennung für den gesamten Chor bekamen. Und wir lasen immer wieder in den Nachrichten und sozialen Netzwerken, dass diese Art des künstlerischen Widerstands für viele besonders inspirierend war und ihnen die Kraft gab, weiter Widerstand zu leisten.

Eine weitere Tradition im August wurden die nächtlichen Versammlungen vor dem Regierungsgebäude. Tausende von Menschen versammelten sich jeden Abend auf dem Platz, wo ich am 19. Dezember 2010 meine erste Kundgebung erlebt hatte, und feuerten sich gegenseitig an. Sie brachten Plakate mit, zeichneten neue und klebten sie an das Lenin-Denkmal, so dass das riesige graue Denkmal zum Leben erwachte. Jeden Abend wurden auf diesem Platz regelrechte Volksfeste abgehalten – man sang zusammen, veranstaltete Tanzwettbewerbe, viele Leute brachten Essen und Getränke mit und teilten sie mit ihren Mitmenschen.

Die Menschen drückten ihren Protest so kultiviert wie möglich aus: Sie traten nicht auf den Rasen, sie zogen ihre Schuhe aus, bevor sie sich auf eine Bank stellten, und wenn sie spätabends nach Hause gingen, reichten sie sich gegenseitig große Müllsäcke und skandierten den Slogan »Aufräumen hinter sich!«

Trauer

Neben den fröhlichen und freudigen Versammlungen, bei denen die Menschen die Wiedergeburt ihres Glaubens an das Gute und ihrer Hoffnung feierten, vergaß die Öffentlichkeit keinen Augenblick lang die Schrecken der ersten Tage nach den Wahlen. So fanden mehrere Aktionen von Künstler_innen statt, die sich gegen Gewalt und Rechtlosigkeit der Strafverfolgung richteten. Vor dem Museum der Künste, vor dem KGB-Gebäude und am Ort des Todes von Aliaksandr Tarajkoŭski standen die Künstler_innen in langen Menschenschlangen. Alle hielten große, ausgedruckte Fotos der Verletzten in der Hand – zu dieser Zeit konnten Journalist_innen die Verwundeten in den Krankenhäusern bereits besuchen. So standen die Leute mehrere Stunden lang schweigend mit diesen Fotos auf den Straßen und schufen eine lebendige Ausstellung für die Vorbeifahrenden und Passant_innen. Unter den Leuten in der Kette waren auch die Opfer selbst: Ein Mann stand halbnackt da und zeigte seine Wunden. Seine Beine und sein Rücken waren komplett blau von der unvorstellbaren Gewalt seiner Peiniger. Jede dieser Aktionen erinnerte uns alle daran, welchen Preis es viele gekostet hatte, sich auf die Straße zu trauen. In der gleichen Menschenkette stand ein Mann, der eine gemalte Flagge in seinen Händen hielt, die aussah als sei sie mit Blut gemalt. In jenen Tagen bekam die Oppositionsflagge einen neuen Kontext: jetzt war sie nicht nur ein Symbol von Belarus vor Lukašenka, sondern auch eine Erinnerung an das unschuldige Blut, das für unsere Freiheit vergossen wurde.

Am Samstag, dem 15. August, fand die Beerdigung von Aliaksandr Tarajkoŭski statt. Die unabhängigen Medien und sozialen Netzwerke kündigten an, dass alle sich zu einer bestimmten Zeit an seinem Todesort in der Nähe der U-Bahn-Station Puškinskaja versammeln können. Ich ging mit mehreren Chormitgliedern dorthin, denn wir wollten für die unschuldig Ermordeten zum Gedenken singen. Aber es waren bereits so viele Menschen auf dem Bahnsteig der U-Bahn, dass uns schnell klar war, dass unsere Stimmen einfach nicht gehört werden würden. Als wir auf die Straße hinausgingen, blieben wir sprachlos stehen: Die Menschenmenge hatte kein Ende, zum Abschied kamen Zehntausende Menschen. An der Stelle des Blutflecks lag ein menschenhoher Berg aus Blumen, auch alle Zäune ringsum waren mit frischen Blumen geschmückt. Die Menschen standen auf und riefen »Tribunal!«, »Wir werden nicht vergessen, wir werden nicht vergeben!«, die vorbeifahrenden Autos hupten ohne Unterbrechung. Zum ersten Mal hörte ich in diesem Geräusch keinen Freudenschrei, sondern schmerzhaftes Stöhnen, ähnlich den nächtlichen Schreien hinter dem Zaun des Gefängnisses in der Akrescinastraße. Es war, als kämen die Schreie der Menschen aus den tiefsten Abgründen ihrer Körper. In diesem Moment fühlte ich ein neues Gefühl der Beteiligung an dem, was geschah: Einer von uns war ermordet worden, diesem Mann war das Wertvollste weggenommen worden, und er wird nie wieder durch Minsk laufen können. Der Tod war mitten unter uns, wir spürten seine physische Präsenz und wehrten uns mit aller Kraft dagegen. Die Menschen versuchten wütend, ihn von unseren Straßen zu vertreiben, und richteten ihre verzweifelten Schreie an diejenigen, für die der Tod ein professionelles Attribut geworden war, an diejenigen, die zu Mördern geworden waren.

Viele Tage lang wurden Blumen an den Ort des Mordes gebracht und bald füllten sie den gesamten Raum und verwandelten die Straße in eine öffentliche Gedenkstätte. Diese Gedenkstätte war nach Ansicht des Regimes rechtswidrig, zumal die Behörden noch versuchten, den Mord an Aliaksandr Tarajkoŭski als einen Unfall darzustellen, an dem der Verstorbene selbst schuld war. Später kamen die städtischen Behörden an diesen Ort und ordneten an, die gesamte Gedenkstätte abzubauen und alle Blumen und Lichter wegzuwerfen – aber die Menschen verteidigten diese Gedenkstätte mit aller Kraft. Die Behörden versuchten noch tagelang, die Blumen zu entfernen und die Inschriften zu übermalen, aber die Menschen brachten neue Blumen und erneuerten die Worte des Gedenkens. Einmal hielten die solidarischen Demonstrant_innen sogar in mehreren Schichten Nachtwachen bei den Blumen, damit Arbeiter_innen der Stadtwerke das Mahnmal des Volkes nicht heimlich zerstören konnten. Als ein Mann namens Mikita spät in der Nacht Wache hatte, stellte ein Obdachloser ein Glas mit Wodka vor das Blumendenkmal, ein anderer legte dort seine letzte Zigarette ab. Solche Geschenke an die Toten sind eine alte Tradition, nach der man mit den Toten das teilt, was einem lieb ist und dem Verstorbenen im Jenseits nützlich sein könnte. Nach ein paar Tagen gelang es den Behörden jedoch, erneut zum Denkmal vorzudringen. Sie zerstörten alles und bestreuten die Inschriften auf dem Asphalt mit Salz, so dass sich ein langer weißer Streifen bildete. Doch auch davon ließen sich die Menschen nicht beirren: Eine ältere Frau goss vorsichtig rote Farbe auf den weißen Streifen – so entstand auf den Worten »Wir werden nicht vergessen« eine salzige weiß-rot-weiße Fahne.

Nach einer der nächsten Sonntagsdemonstrationen waren wir
auf dem Rückweg in die Innenstadt und kehrten in einem Café
ein. Unter uns waren Schauspieler_innen, Historiker_innen,
Musiker_innen und Programmierer_innen. Wir saßen an einem
Tisch und tauschten unsere Erfahrungen der letzten Wochen
aus. Die Menschen vor dem Fenster gingen nach dem Protest
langsam auseinander. Plötzlich drehten sich alle abrupt um
und rannten in die entgegengesetzte Richtung – die Verhaftungen begannen. Alle Anwesenden im Café wurden sofort still,
es herrschte Totenstille. Mehrere Polizeiwagen erschienen vor
den Fenstern, schwarz gekleidete Leute sprangen heraus und
schnappten sich alle möglichen Passant_innen. Viele von ihnen
eilten in das Café. Ich rannte hinaus, um einen besseren Blick
auf die Straße zu haben: Vor ein paar Minuten waren noch Hunderte von friedlichen Demonstrant_innen vorbeimarschiert,
und jetzt war keine Spur mehr von ihnen zu sehen. Es ging
alles blitzschnell – die Sicherheitskräfte, die Verhaftungen, die
Journalist_innen, die Leere. Das Regime hatte das bunte Leben
wieder einmal angegriffen, und die Stadt wirkte plötzlich wie
ausgestorben.

Ich erkannte, dass es die Polizisten aus der Blockade waren,
an der wir erst kürzlich vorbeigekommen waren. Von morgens
früh bis zu dieser Stunde hatten sie dort gestanden und gewartet. Auf sehr unmittelbare und unangenehme Weise spürte ich
förmlich die Sumpffarbe ihrer Kleidung, die leblosen Helme
und Sturmhauben… All diese bewaffneten Männer sahen für
mich aus wie ein Tier, das aus Hunderten von verschiedenen
Elementen besteht und über das Zentrum der Stadt verstreut ist.
Dieses Tier schien die meiste Zeit zu schlafen und wischte nur
gelegentlich träge die störenden Aktivist_innen – Mücken von
seinem Körper – ab. Die Protestierenden redeten, tanzten und
sangen vor der Nase des Tieres, aber all ihre Bemühungen waren

von geringer Wirkung. Als die Zeit kam – ein Befehl über Funk von höheren Machtstrukturen –, verstand das Biest: »Nun ist die Zeit«, wurde sehr wütend und begann, seine Opfer zu verschlingen. Wenn es gesättigt war und die Zellen mit Gefangenen gefüllt waren, schlief es wieder ein und wartete auf die nächste Runde.

Die Menschen lebten mit einem Drachen zusammen und konnten ihn nicht besiegen. Ihn zu töten wäre zu gefährlich, unmoralisch und unwürdig. Außerdem braucht man für solche Taten unsagbar starke und tapfere Held_innen, Lancelots, aber sie waren zu diesem Zeitpunkt bereits alle im Gefängnis oder im Exil. Aber die Menschen konnten sich nicht mehr zurückziehen und in ihre Häuser gehen, zu viele von ihnen waren bereits von der Bestie verschlungen worden, und ihr Übel war zu offensichtlich. Der Preis war zu hoch, und die Menschen wussten, wenn sie selbst den Mut verlieren, kann ihnen niemand mehr helfen. Und so lebten sie mit dem Drachen und ärgerten ihn regelmäßig. Sie kamen ganz nah zu ihm und kitzelten seine Nase, seine Ohren, seinen Bauch. Sie zeigten ihm Fahnen und Plakate und sogar Spiegel, damit das Biest sein eigenes Spiegelbild sehen und hoffentlich darüber entsetzt sein würde. Aber selbst wenn es erschreckt war von seinem eigenen Anblick mit den verzweifelten Augen und dem blutigen Maul, war es für das Biest noch erschreckender, seine Hülle abzulegen und sich den Menschen zu ergeben, denn seiner Meinung nach wollen sie es töten.

Bei den ständigen Begegnungen mit dem Drachen geschah etwas mit uns. Wir begannen, die unvermeidliche Gewalt als Teil unseres Lebens zu akzeptieren, uns daran zu gewöhnen. Im Laufe der Jahrzehnte war das Böse zu einem riesigen Drachen angewachsen, den wir nicht so ohne weiteres besiegen konnten. Aber wir haben gelernt, ihm tapfer und direkt in die Augen zu schauen, statt wegzusehen und zu lächeln. Und in seinen graugrünen Augen sahen wir das Spiegelbild unserer weißen Gewänder, auf die das Blut phantasievolle rote Muster zeichnete.

Hoffnung

Die Kraft der Vielen

Die unzähligen friedlichen Proteste der Menschen auf den Straßen in der ersten Woche nach den Wahlen waren durch völlig unkoordinierte Aktionen geprägt, die durch den gemeinsamen Glauben an Gerechtigkeit und Freiheit vereint wurden. In dieser Zeit konnten wir beobachten, dass die Proteste die gesamte Bevölkerung immer weiter durchdrangen und einten. In Dutzenden von Betrieben wurde gestreikt, von der riesigen Fabrik BELAZ bis zu einer kleinen Firma in Vilejka, wo mein Bruder arbeitet. Frauen und Männer gingen in allen Regionen des Landes und in den verschiedenen Bezirken von Minsk auf die Straßen, um diverse Aktionen ins Leben zu rufen und ihre Stimmen zu erheben. Aufgrund ihres dezentralisierten Charakters war es schwierig nachzuvollziehen, wie viele Menschen an den Protesten insgesamt teilnahmen. Die Demonstranten inspirierten sich zunehmend gegenseitig, und irgendwann wollte man sich zu großen, gemeinsamen Aktionen zusammenschließen.

Am Sonntag, dem 16. August 2020, wurde der erste landesweite Marsch für 14 Uhr angekündigt. Die Menschen mussten sich aus ihren Bezirken versammeln und in lokalen Märschen zum Haupttreffpunkt in ihren Städten kommen. In Minsk war dieser Ort die Stela, die bereits zu einem Symbol des belarusischen Widerstands geworden war. Die Menschen bereiteten sich auf diese Kundgebung vor wie auf einen Feiertag: Sie zeichneten kreative Plakate, nähten riesige weiß-rot-weiße Fahnen, trugen Kleidung in den Protestfarben und mit den zahlreichen Protestsymbolen. Es wurde ein großes Fest der Freiheit. Demonstrant_innen schlossen sich in Gruppen zusammen und marschierten zum zentralen Sammelpunkt. Ich marschierte zusammen mit Künstler_innen, Wissenschaftler_innen und bürgerlichen Aktivist_innen. Trotz der Tatsache, dass wir uns in der Nähe des Museums der Künste versammelt hatten, das mehr als drei Kilometer von der Stela entfernt war, gab es bereits eine riesige Menschenmenge, deren Strom nicht abriss. Wir gingen nebeneinander, riefen Slogans, sangen, sprachen miteinander und lernten uns dabei kennen. Die Prozession war so friedlich, dass die Leute nicht einmal die Radwege überquerten und alle an roten Ampeln warteten. Neben uns trugen Menschen Plakate mit Fotos von verwundeten Opfern, mit Namen der in den 26 Jahren des totalitären Regimes Getöteten und Vermissten, mit Slogans voller Empörung (»Wo ist meine Stimme?«, »Lukašenka ist ein Verbrecher«, »Ein Mörder, Lügner und Terrorist hat die Macht ergriffen«), voller solidarischer Worte einiger Berufsgruppen (»Lehrer sind mit dem Volk«, »Unterstützt die Arbeiter!«) und mit eigenartigem belarusischen Humor (»Ich bin Philologin, aber ich hätte die Stimmen besser gezählt«, »Alles ist so schlecht, dass sogar Introvertierte auf die Straße gegangen sind«, »Suche nach einer Protestierenden zum Heiraten«, »Kein Sex unter der Diktatur«). Seit dieser ersten Kundgebung und im Laufe der Geschichte der Proteste haben sich so viele kreative Plakate mit wichtigen und witzigen Bildern, Zeichnungen und Slogans angesammelt, dass man begonnen hat, sie zu sammeln, um später eine Ausstellung von Protestplakaten zu machen.

Als wir schließlich die Stela erreichten und die Anzahl der Menschen sahen, trauten wir unseren Augen nicht – nach verschiedenen Schätzungen waren dort zwischen 200 000 und 400 000 Menschen zusammengekommen. Es gab keinen ein-

Erster Sonntagsmarsch. 16. August, Minsk, Unabhängigkeitsplatz
(Plošča Niezaliežnasci). Nach der Versammlung in der Nähe der
Stela gingen die Demonstranten zum Unabhängigkeitsplatz. Nicht
alle Demonstrant_innen sind auf dem Foto zu sehen. Verschiedenen
Schätzungen zufolge nahmen an diesem Tag zwischen 200 000 und
400 000 Menschen an der Kundgebung teil.

zigen freien Quadratmeter mehr, und es kamen noch immer mehr Leute an. Einige verteilten selbstgemachte weiße Bänder unter den Passant_innen. Einige brachten riesige selbstgemachte Fahnen mit, manche Dutzende Meter lang. Damals entstand ein kleiner Wettstreit darüber, wer wohl die längste Fahne genäht hatte. Gewonnen haben die stolzen Einwohner_innen der Stadt Hrodna – ihre Fahne war 70 Meter lang.

Die Sonne brannte, es war sehr heiß, und wir hatten Durst. In den benachbarten Supermärkten ging das Wasser aus. Aber die Leute hatten Wasser mitgebracht und unterstützten sich gegenseitig, indem sie Wasserflaschen entlang der Straße aufstellten, so dass sich jeder etwas nehmen konnte. Und die Hilfsbereitschaft riss nicht ab: Hier und da standen Anwohner_innen vor ihren Häusern und hatten alle möglichen Gefäße mit Leitungswasser gefüllt, die sie den durstigen Menschen anboten. Einer dieser Wasserpunkte trug die humorvolle Aufschrift: »Nur für Drogensüchtige und Prostituierte«. Es war eine Reaktion auf die Worte Lukašenkas. Wenige Tage zuvor erklärte er öffentlich, dass alle Demonstrant_innen auf der Straße Drogensüchtige und Angehörige des ältesten Gewerbes der Welt seien.

Einen friedlicheren und feierlicheren Protest hätte ich mir nicht vorstellen können. Statt Aggression und dem Versuch, Verwaltungsgebäude zu besetzen, hatten die Menschen Spaß, sangen und tanzten. Auf einer Wiese entdeckte ich sogar zwei, die eine Partie Schach spielten. Die Demonstrant_innen weigerten sich, auf Gewalt mit Gewalt zu antworten, stattdessen boten sie Glauben und Liebe an – nicht den Behörden, sondern sich selbst. Hunderttausende Menschen im ganzen Land vereinten sich und teilten ihre Kraft miteinander. Als die offizielle Agenda so schwarz-weiß und kompromisslos wurde, stellte sich für jeden die Frage, ob er Licht oder Dunkelheit, Vergangenheit oder Zukunft wählt. Was wir alle während dieser Proteste erlebt haben, gab eine eindeutige Antwort – egal, wie lange das verbrecherische Regime das Land schon mit Gewalt kontrolliert, es ist unmöglich, die Vergangenheit zu konservieren und sie auf unbestimmte Zeit von der frischen Luft zu isolieren. Unter Einwirkung einiger Naturkräfte begann die Dose bereits zu rosten – ab jetzt ist es nur noch eine Frage der Zeit.

In diesen Tagen gehörten die Städte uns, wir fühlten uns endlich als deren Besitzer und nicht mehr nur als geduldete Knechte. Damals waren nirgends Sicherheitskräfte zu sehen, sie schienen sich aufgelöst zu haben. Offensichtlich waren sie von dem wachsenden Protest schockiert und wussten einfach nicht, was sie damit anfangen und welche Befehle sie geben sollten. Es gab ein Gefühl der absoluten Freiheit.

Der Plan der Sicherheits- und Strafverfolgungsbehörden war eindeutig, in den ersten Tagen nach den Wahlen sollten so viele Menschen wie möglich verhaftet und gefoltert werden, um aufkeimende Proteste sofort zu ersticken. Nach den getroffenen Maßnahmen zu urteilen, haben sie dafür drei Tage geplant, denn schon vor den Wahlen gab es Gerüchte darüber, dass bis zum 12. August die Internetverbindungen lahmgelegt würden. Nach ihren Kalkulationen war die Situation in der Proteststimmung 2020 komplizierter als zuvor, da der Gesellschaft neue Mittel und Wege offenstanden. Aber sie schien immer noch lösbar zu sein. Das Rezept dafür sah wie folgt aus: Die Erfahrung vom 19. Dezember 2010 mit einem Vielfachen multiplizieren und eine Extraportion Gewalt hinzufügen. In diesen drei Tagen mussten sie so aggressiv und einschüchternd agieren, wie es den Sicherheitskräften nur möglich war. So sollten die Protestierenden noch mehr eingeschüchtert und in ihren gewohnten lethargisch devoten Modus zurückversetzt werden. Das Regime würde zwar der Gewalt beschuldigt werden, und vielleicht würden diese drei Tage eines Tages die Tage des blutigen Terrors genannt werden. Aber zumindest würde wieder Ordnung im Land herrschen, die Bürger_innen würden wieder aus Angst zu Hause sitzen und ihren Mund halten. Die Wahlen würden als rechtmäßig anerkannt werden, und das formale Ritual wäre erfolgreich durchgeführt worden. Und in den nächsten fünf Jahren könnte man sich etwas Neues einfallen lassen, um die Situation wieder in den Griff zu bekommen.

Die Behörden haben sich jedoch in einem Punkt verkalkuliert: Sie haben die Situation falsch eingeschätzt und ihr Volk unterschätzt. Es ist schwer zu sagen, welcher Prozentsatz der Beamt_innen fanatisch an die ideologische Propaganda glaubte und welcher Prozentsatz von der Aufrechterhaltung des Regimes profitierte – das wird man erst bei den künftigen belarusischen Gerichtsprozessen herausfinden können. Die Regierung lebte in ihrer eigenen alternativen Realität, einige glaubten blind daran, andere erkannten, dass es sich um eine »déformation professionnelle« handelte und dass man sich an diese Situation anpassen musste, wenn man an der Macht bleiben wollte. Außerdem zeigte die Erfahrung, dass diejenigen, die eifrig für diese illusorischen Werte kämpften, eine steilere Karriere erwartete. Je treuer sie dem Regime dienten und seine Strukturen nicht hinterfragten, desto mehr Privilegien konnten sie genießen und die vermeintliche Karriereleiter auf Kosten der Gesellschaft immer höher steigen.

Wenn die Menschen während der Proteste – in Fabriken, Krankenhäusern, Universitäten und auf zentralen Plätzen der Städte – den Dialog mit den Behörden forderten, kamen hohe Beamt_innen tatsächlich oft zu ihnen. Aber der Dialog kam fast nie zustande – die Leute erzählten ihnen von der Realität, woraufhin die Beamt_innen alles leugneten. In all den Jahren des Turmbaus zu Babel hatten sich so verschiedene Sprachen gebildet, dass sich beide Seiten einfach nicht verstehen konnten. Die Beamt_innen wurden zunehmend wütend und versuchten, diese seltsame unverständliche *lingua volgare* mit dem schädlichen Einfluss des Internets und den westlichen Werten, die ihnen fremd waren, zu erklären. Als alle Dialogversuche scheiterten, griffen die Behörden wieder zu ihrem bewährten Instrument der Repression.

Es war überraschend zu beobachten, wie sehr sich die Gesellschaft in jenen Tagen verändert hatte und wie unverändert die
Position der Behörden blieb. Die Hauptwerkzeuge ihres Han-
delns waren immer noch Einschüchterung, Entlassungen und
Verhaftungen. Ihre Position war absolut reaktionär, ihnen fiel
praktisch nichts Neues ein (wahrscheinlich, weil sie nicht in der
Lage waren, kreativ und frei zu denken), und sie blieben bei der
banalen und kurzsichtigen Anwendung physischer Gewalt. Die
einzige Antwort auf jede Initiative seitens der Zivilgesellschaft
war ein ständiges Verbot, ein kategorisches »Nein«. Es scheint,
dass ihre ganze Energie nicht auf den Versuch eines Dialogs und
die Suche nach einem Kompromiss gerichtet war, sondern nur
darauf, den Demonstrant_innen jegliche Initiative zu verbieten
und schließlich die Quelle zu versiegeln, aus dem die Proteste
ununterbrochen flossen, bevor sie zu einem reißenden Fluss
werden können.

So begannen die Behörden nach einigen Tagen der Untätig-
keit allmählich, die Zügel der Repression wieder in die eigenen
Hände zu nehmen. Nicht nur Journalist_innen und Beamt_in-
nen verloren ihren Job für nicht konforme Meinungsäußerung,
die Repression traf jeden. Der Fall des Nationalen Akademi-
schen Janka-Kupala-Theaters zeigte dies sehr deutlich. Auch
die Schauspieler_innen des Theaters sprachen sich offen gegen
Gewalt und Wahlbetrug aus. Anstatt sich wie die anderen Beam-
t_innen zu verhalten und die ungehorsamen Schauspieler_in-
nen zu unterdrücken, unterstützte der Theaterdirektor Paviel
Latuška die protestierenden Schauspieler_innen. Er gab sogar
eine offene Erklärung ab, dass er selbst die Gewalt der Behörden
nicht akzeptiere und die Regierung dem Willen der Bevölkerung
zuhören solle. Anstatt zu versuchen, einen Kompromiss zu finden, hat die Regierung Latuška sofort entlassen. Am nächsten
Tag trafen sich empörte Schauspieler_innen im Theater mit dem
damaligen Kulturminister, der unverblümt erklärte, der Direktor sei entlassen worden, weil er mit der Menge mitgegangen sei

und sich von den Schamanen auf der Straße habe beeinflussen lassen. Der Minister wurde von der Theatertruppe aufgefordert, sich zur Gewalt im Land zu äußern und seine bürgerliche Position darzulegen – aber er weigerte sich. Aus Protest reichten daraufhin 58 Schauspieler_innen und Mitarbeiter_innen des Kupala-Theaters dem Minister ihre Kündigungsschreiben ein. Seit diesem Tag war vom führenden Theater des Landes nur noch ein Gebäude übrig, das die Behörden mit neuen Aktivitäten und loyaleren Mitarbeiter_innen zu füllen begannen.

Latuška nahm den Kampf auf und wurde noch aktiver gegen die Verbrechen des Regimes. Ein Mann aus dem Staatsapparat, der früher selbst Kulturminister sowie Botschafter von Belarus in Frankreich und Polen war, stellte sich bewusst auf die Seite des Volkes und begann, dessen Position zu vertreten. Er gewann sehr schnell an Popularität und politischem Gewicht und wurde bald zu einem wichtigen Wortführer der Protestbewegung.

Die Schauspieler_innen des Kupala-Theaters setzten ihre Arbeit ohne Gebäude und Gehalt fort. Zum Zeitpunkt ihrer Entlassung waren sie gerade dabei, die Eröffnung der neuen Spielzeit vorzubereiten, und ein paar Wochen später konnten sie die Online-Premiere von Janka Kupalas Theaterstück »Tutejšyja« (»Die Hiesigen«) an einem der alternativen Spielorte zeigen. Diese satirische Tragikomödie erwies sich in der aktuellen Situation als eine sehr passende Premiere, weil Janka Kupala darin über die historischen Wege und die Zukunft des belarusischen Volkes reflektiert. Er konfrontiert den Charakter der Menschen, die unter dem ständigen Druck verschiedener Mächte gelernt haben, davon zu profitieren, mit denen, die ihrem Gewissen treu bleiben und trotz allen Leids aller Gewalt widerstehen. Innerhalb weniger Tage wurde die Online-Premiere von Hunderttausenden von Menschen gesehen.

Am selben Tag, an dem Latuška entlassen wurde, beschloss Lukašenka höchst persönlich ein Unternehmen zu besuchen. Zu diesem Zeitpunkt waren die Streiks noch nicht abgeklungen und er wollte mit den Arbeitern eines strategisch wichtigen Unternehmens des Landes – der Minsker Fabrik für Radschlepper – sprechen.

Lukašenka flog mit dem Hubschrauber zum Unternehmen (vor allem in jenen Tagen benutzte er selten die Straßen) und traf sich zunächst mit der Verwaltung des Werks. Die Arbeiter_innen hatten einige Zweifel, dass Lukašenka es vielleicht gar nicht wagen würde, vor die Menge der streikenden Arbeiter_innen zu treten. Aber nach einer Weile erschien er auf der Bühne. Er versuchte frei zu sprechen, ohne Skript, und die Menschen von seiner Legitimität und dem richtigen Kurs des Landes zu überzeugen. Doch je mehr er sprach, desto unglaubwürdiger machte er sich. Und dann kam es zu einem weiteren historischen Moment in Belarus: Zum ersten Mal hörte er direkt eine klare Meinung über sich. Während er seine Rede hielt, begann die Menge einheitlich zu summen, immer lauter, bis sie plötzlich rief: »Geh weg!« Diese Unterbrechung dauerte eine ganze Weile und man konnte Lukašenka ansehen, dass das, was geschah in seinem Kopf etwas auslöste. Er versuchte direkt im Anschluss seine Rede fortzusetzen. Aber er scheiterte. Nach dem Satz »Ich weiß, dass ihr mich alle unterstützt habt«, begannen die Leute lauthals »Nein!«, »Niemals!« und »Lügen!« zu schreien. Die Situation spitzte sich zu, und irgendwann fauchte er nur noch wütend und verärgert: »Ich sage euch das frei von der Leber weg, und ihr werdet euch das merken: Das Schlimmste im Leben ist Verrat.« Kurz darauf verließ er unter dem empörten Geschrei der Menschenmenge den Raum, auf dem Weg nach draußen begann er sogar eine aggressive Auseinandersetzung mit mehreren Arbeiter_innen, schrie und pöbelte in seiner typisch unhöflichen Art. Danach verließ er schnellstmöglich das Werksgelände mit dem wartenden Hubschrauber.

In der Nähe des leeren Kupala-Theaters fanden jeden Tag um 12 Uhr Konzerte statt. Dutzende und Hunderte von Menschen kamen immer wieder, um gemeinsam mit mehreren Musiker_innen Protest- und Solidaritätslieder zu singen. Meine Freund_innen, die diese Initiative organisierten, schenkten ihnen Sammelbände mit den Texten und Noten und verteilten sie auch in anderen Städten Belarus' – so wurde das gemeinsame Singen auf der Straße zum Ausdruck der eigenen bürgerlichen Position, verbunden mit dem Durst nach Kultur.

Mitarbeiter_innen des KGB und der Polizei erschienen immer öfter in der Nähe des Theaters, und an einem der folgenden Tage wurde einer der Teilnehmer während eines Konzerts festgenommen. Die Treffen an diesem unübersichtlichen großen Platz wurden immer unsicherer, also begannen die Leute, ihre eigenen lokalen Konzerte in ihren Hinterhöfen zu organisieren. Unter anderen eingeladenen Künstler_innen kamen einige Musiker_innen dorthin, die jahrelang keine großen offiziellen Konzerte in Belarus geben durften. Seit Anfang der 2000er Jahre hatten die Behörden schwarze Listen mit unerwünschten Musiker_innen aufgesetzt. Wenn dieser oder jener Name in solchen inoffiziellen Dokumenten stand, hatten die betroffenen Musiker_innen praktisch keine Chance, bei großen Veranstaltungen in Belarus mitzuwirken, beziehungsweise in Fernseh- oder Radiokanälen aufzutreten. Viele von ihnen wurden zu regelmäßigen Besuchern der Hinterhofveranstaltungen. So kamen neben Musiker_innen auch Dichter_innen und Schriftsteller_innen dorthin, um ihre Werke zu lesen und mit dem Publikum zu kommunizieren. Wissenschaftler_innen, Künstler_innen und Aktivist_innen hielten Vorträge über die Geschichte von Belarus, die Zivilgesellschaft und bürgerliche Verantwortung. Und Maler_innen bemalten Plätze mit Graffitis und Schriftzügen wie »Platz der Wahrheit« oder »Platz der Veränderungen« und verwandelten sie so auch visuell in einzigartige Orte der Freiheit.

Die Menschen brauchten nur ein paar Wochen, um durch die lokalen Aktivitäten und ihre neue Verantwortung einen großen Schritt in Richtung Demokratie zu machen. In einer Situation, in der große zentralisierte Veranstaltungen unter die Kontrolle und Repression der Sicherheitskräfte fielen, manifestierte sich die Energie der Solidarität und des neuen zivilgesellschaftlichen Aktivismus in Hunderten von lokalen Veranstaltungen. Statt einer Bühne gab es viele kleine Flächen zwischen Wohnhäusern, statt Dekorationen gab es weiß-rot-weiße Kleidung und Fahnen. Menschen lernten ihre Nachbar_innen kennen, hörten Vorträge, Gedichte und Musik und diskutierten anschließend in vertraulicher Runde. Sie waren geeint durch den Durst nach Freiheit und die Entwicklung kritischen Denkens. Sie wollten ihre alte, ermüdende Angst ablegen, die ihre Individualität ausgetrocknet und ihre Eigeninitiative zerstört hatte. Ein einfacher Gedanke – wenn du etwas ändern willst, fang bei dir selbst an – spielte mit neuen Farben, und diese Farben wurden lebendig in jedem Menschen, der sich entschloss, das graue, vertrocknete Gefühl der Hoffnungslosigkeit abzuschütteln und die Apathie mit Hilfe des eigenen Willens zu besiegen.

Das neue Selbstbewusstsein führte dazu, dass die Menschen bald damit begannen, ihre Zugehörigkeit zu einem bestimmten Viertel oder Stadtteil zu erkennen. Ein visueller Beweis waren die neuen, einzigartigen Flaggen, die von Einheimischen für ihre Stadtteile entworfen wurden. Auf diesen Flaggen waren Symbole und Wahrzeichen ihrer Heimat abgebildet, und nach und nach wurden die Menschen immer stolzer auf ihre Herkunft und Zugehörigkeit zu der einen oder anderen Gruppe. Die unpersönliche geographische Zerstreuung verwandelte sich in ein Bewusstsein für ihre Heimat und eine neue, unerwartet offenbarte Freude an der Selbstbestimmtheit. Im Zuge dieser Freude veranstalteten die Anwohner_innen sogar einen spontanen Wettbewerb um die kreativste Flagge, Hymne oder Symbolik für ihren Stadtteil.

Obwohl es für die Polizei nicht einfach war, den Überblick über die Vielzahl der Hofinitiativen zu behalten, begann sie nach und nach in besonders beliebten Höfen aufzutauchen. Viele Künstler_innen wurden wegen »Teilnahme an einer nicht genehmigten Kundgebung« festgenommen und für mehrere Wochen ins Gefängnis gesteckt.

Um ihre staatsbürgerliche Haltung zum Ausdruck zu bringen, hängten die Menschen in wachsender Zahl weiß-rot-weiße Fahnen an die Balkone und Fenster ihrer Häuser. Man begann neue Technologien einzusetzen, um die Ungerechtigkeit effektiver zu bekämpfen. Es wurde zum Beispiel die App KRAMA geschaffen, mit deren Hilfe man Barcodes von Produkten in Geschäften scannen konnte. Wenn das Produkt von einem behördentreuen Unternehmen hergestellt wurde, empfahl die App, es nicht zu kaufen.

Um den Kampf gegen das Regime fortzusetzen, wurde auch eine umfangreiche Datenbank angelegt, in der alle Verbrechen registriert wurden. Erstmals konnte die Öffentlichkeit mit Hilfe der ZUBR-Plattform detaillierte Daten über alle Wahllokale in Belarus einsehen und nachvollziehen, wer genau die Wahlen manipuliert hat. Da sich viele Wahllokale in Schulen befanden und die Ergebnisse von den Lehrer_innen gefälscht wurden, begannen die Menschen in einigen Städten des Landes, direkten Druck auf sie auszuüben. Beispielsweise klebten ehemalige Absolvent_innen der Schulen, in denen nachweislich ein Wahlbetrug stattfand, ihre Diplome und Belobigungen an die Wände der Bildungsgebäude. Sie hatten diese mit den Aufschriften »Das Blut der Ermordeten klebt an euren Händen!« oder »Unsere Zukunft ist hier begraben« versehen.

Neben den Mitgliedern der Wahlkommissionen, die Straftaten begangen hatten, wurden vor allem die Sicherheitskräfte und Vertreter_innen der Behörden unter Druck gesetzt. Als die öffentlichen Versuche, die Sicherheitskräfte auf die Seite des Volkes zu bringen, erfolglos blieben, gab es Masseninitiativen, um die Polizisten zu identifizieren, die ihre Hände mit Blut befleckt hatten. Da die meisten Masken oder Sturmhauben trugen, schien ihre Identifizierung auf den ersten Blick unmöglich. Doch schon bald tauchten im Internet Listen von Sicherheits- und Strafverfolgungspersonal mit deren Fotos, Adressen und Telefonnummern auf. Durch eine Computertechnik wurden Fotos und Videos der Proteste mit Hilfe von veröffentlichten Datenbanken analysiert, so dass es viel einfacher wurde, konkrete Personen zu identifizieren. Alle ihre Verbrechen wurden in einem zentralen Archiv gesammelt, das nach dem Plan der Aktivist_innen den Ermittler_innen helfen soll, die entsprechenden Anklagen gegen die Verbrecher_innen aus den Staatsorganen beim zukünftigen belarusischen Prozess zu erheben.

So begann die Zivilgesellschaft, mit ihren eigenen Methoden gegen die Sicherheitskräfte vorzugehen. Seit Beginn des Sommers konnte man auf den Straßen von Minsk und anderen Städten regelmäßig Menschen in Zivil sehen, die Demonstrant_innen mit Videokameras filmten, um sie später zu identifizieren und zu verhaften. Ich habe das auch einmal aus eigener Erfahrung erlebt: Als ich an einem der ersten Tage nach den Wahlen mit einem Plakat unterwegs war, fing ein Mann in Zivil an, mein Gesicht zu filmen. Er wurde von drei Polizisten begleitet. Das machte mich so wütend, dass ich mein Handy zückte und direkt auf ihn zuging, um sein Gesicht und seine Kollegen aufzunehmen. Der Mann mit Maske drehte sich immer wieder weg und versuchte sich zu verstecken. Die Öffentlichkeit und Offenheit, die sie gegen uns einsetzten, war ein unangenehmes und gefährliches Werkzeug für sie selbst. Bei künftigen Demonstrationen haben mehrere Protestierende selbstlos versucht, den OMON ihre Masken abzunehmen. Und da passierte etwas Unerwartetes: Sobald die Masken weg waren und wir sahen, wer unsere Peiniger sind, kämpften sie nicht mehr gegen uns – sie liefen feige weg, versuchten ihre Gesichter zu schützen und zu verstecken. Weil sie die Öffentlichkeit fürchteten, konnten sie nur im Dunkeln kämpfen. Die Demaskierung und das Tageslicht wirkten gegen sie wie ein Mittel gegen das Böse. Sobald man jemandem die Maske abziehen konnte, löste sich diese Person wie von alleine auf – ähnlich den grauen Herren in Michael Endes *Momo*.

Kein Zurück mehr

Seit der großen Kundgebung am 16. August etablierten sich bestimmte Tage für bestimmte Proteste. An den Sonntagen fanden die größten Kundgebungen statt, an denen Zehn- und Hunderttausende Demonstranten teilnahmen. Der Samstag wurde der Tag der Frauenproteste; die Frauen kleideten sich in Weiß, kauften Blumen und hielten Frauenmärsche im ganzen Land ab.

Als das neue Studienjahr am 1. September begann, wurden die Studierenden zu einer neuen und sehr wichtigen Protestgruppe. Sie äußerten offen ihre Meinung und wollten mit ihren Lehrenden ins Gespräch kommen. Aber die meisten Universitätsmitarbeiter_innen verhielten sich wie Regierungsbeamt_innen – sie verstanden die Forderungen der Student_innen entweder nicht oder weigerten sich, sie zu verstehen. Kurz darauf stellten sich einige auf die Seite der Student_innen, und die Situation eskalierte. So wurden in dieser Zeit traditionelle Methoden der Einschüchterung und Neutralisierung von Konflikten auch ganz offen in den Bildungseinrichtungen angewandt. Die Bereitschaftspolizei und andere Spezialeinheiten drangen in die Universitäten ein und verhafteten massenhaft ungehorsame junge Menschen. In einigen Universitäten, in denen eine besonders freiheitsliebende Haltung herrschte, begannen die Sicherheitskräfte, viele Stunden lang Wache zu halten, wodurch einige Universitäten zu Erziehungseinrichtungen wurden, mit einer Bewachung wie in Arbeitslagern. Hunderte Studierende wurden von den Universitäten verwiesen, viele mussten Wochen und Monate im Gefängnis verbringen.

Etwa zur gleichen Zeit, als die junge Generation ihre Position immer offener und deutlicher äußerte, begann in Minsk und anderen Städten die Proteststimmung auch unter den Rentner_innen zu erwachen. Es war eine bemerkenswerte Entwicklung, da die Rentner_innen früher nur sehr selten ihre Position offen zum Ausdruck brachten. Und wenn sie es taten, waren sie zusammen mit den Arbeiter_innen Lukašenkas Hauptwähler-schaft. Die meisten von den Rentner_innen bezogen ihre Nachrichten aus den regierungsfreundlichen Fernsehkanälen und Zeitungen. Sie hatten daher lange Zeit keine Möglichkeit, sich eine andere Meinung als die von der Propaganda aufgezwungene anzueignen. Viele von ihnen haben den Zweiten Weltkrieg persönlich miterlebt, deshalb schätzten sie den Frieden und die Ordnung im Lande besonders und wählten Lukašenka zig Jahre lang mit dem Gedanken »Hauptsache es gibt keinen Krieg«. Aber der Frieden und die Ordnung im Land wurde zerstört. Es war für die Propaganda sehr schwierig zu beweisen, dass die Schuld bei den Demonstrant_innen lag. Und dann organisierten sich die Rentner_innen in einer eigenen Gruppe, die solidarisch auf die Straße ging. Sie wählten den Montag als ihren Tag des Protests, da die meisten von ihnen ohnehin nicht mehr arbeiten mussten. Und nach den Frauenmärschen am Samstag und den landesweiten Aufmärschen am Sonntag hatten die Rentner_innen jede Woche genügend Motivation, auf die Straße zu gehen – sowohl aus solidarischer Unterstützung als auch aus Empörung über die Verhaftungen von Menschen in den Tagen zuvor. Ihre Demonstrationen wurden Märsche der Weisheit genannt.

Nach Student_innen und Rentner_innen kam noch eine weitere Gruppe zu Wort, die lange Zeit im Schatten der Öffentlichkeit stand – Menschen mit Behinderungen. Diese riesige Gruppe von Menschen (mehr als fünf Prozent der Bevölkerung) war früher im öffentlichen Leben fast unsichtbar. Wie in den meisten Ländern der Welt haben sie auch in Belarus entsprechende Vergünstigungen, allerdings ist es für Menschen mit mobiler Einschränkung eher schwierig, sich im öffentlichen Raum zu bewegen, da es kaum barrierefreie Infrastruktur gibt. Die Gesellschaft ist daran gewöhnt, dass sie am öffentlichen Leben selten teilnehmen. Umso beeindruckender war die Tatsache, dass sie diese mobile Einschränkung überwanden und auf die Straßen von Minsk gingen. Der Marsch von Menschen in Rollstühlen und mit Krücken, mit Plakaten »Verkrüppelt die Menschen nicht!«, die sich sehr langsam bewegten, aber trotzdem weitergingen, machte großen Eindruck auf ihre Mitmenschen. Wenn sich schon der Weg zum Treffpunkt im Zentrum von Minsk als beschwerlich erwies, so zeigte der allwöchentliche Protest, welcher Wille in den Herzen dieser Menschen lebt und welch starker Geist in ihnen herrscht. Durch ihr kraftvolles Handeln inspirierten sie die belarusische Gesellschaft zu weiteren wöchentlichen Märschen – denn es schien keine Ausrede mehr für diejenigen zu geben, die nicht durch körperliche Einschränkungen daran gehindert waren, auf die Straße zu gehen.

*

Als ich Ende August an all diesen Märschen teilnahm, konnte ich mir nicht vorstellen, Belarus bald wieder zu verlassen. Mein Flugticket hatte ich für den 1. September gekauft, da ich berufliche Verpflichtungen in Deutschland hatte. Aber ich habe mich jeden Tag gefragt, wie ich in einem solchen Moment das Wertvolle verlassen kann, das ich in den letzten Wochen auf den Straßen von Minsk unerwartet gefunden habe – Freiheit, Solidarität und Liebe, für uns selbst und unsere Nächsten. Neue Bekannte und Fremde, die zu Freund_innen wurden. Die Kraft des Geistes, die gegenseitige Unterstützung und die Kreativität, die uns auf den Kopf gestellt und für immer verändert hat. Also tauschte ich mein Flugticket, um wenigstens noch ein paar Wochen in Minsk bleiben und noch ein bisschen länger ein Teil dieser Lebendigkeit sein zu können. Zu dieser Zeit war mir nichts wichtiger als das, was wir gerade erlebten. Selbst wenn wir nicht in nächster Zeit gewinnen können, selbst wenn die Gewalt die Luft der Freiheit verpestet, werden wir diese Erfahrung in uns behalten. Die Transformation unserer Gesellschaft kann vielleicht verlangsamt, aber sie kann nicht verhindert werden.

Epilog

Als ich wieder in Deutschland war, habe ich ein paar Wochen gebraucht, um meine Angst vor vorbeifahrenden Autos wieder abzulegen. Ich starrte in jeden Kleinbus und untersuchte ihn eingehend: welche Marke und Farbe, hat er Nummernschilder, sind die Scheiben getönt, sitzen vermummte Leute darin... Selbst nach einem so kurzen Aufenthalt in Belarus gewöhnte ich mich schnell an die Tatsache, nie sicher sein zu können.

Erst nach einigen Wochen war ich in der Lage, normal auf den Straßen Berlins und anderer Städte zu gehen, ohne mich alle paar Sekunden umschauen zu müssen. Nach jedem scharf bremsenden Auto an Ampeln oder sich hektisch bewegenden Menschen musste ich mir ständig sagen: »Stopp, du bist in Deutschland, so etwas gibt es hier nicht, hier ist es sicher.«

Es war sehr schwierig für mich, in Deutschland zu sein. Nicht nur, weil ich statt der spontanen Auftritte mit dem Freien Chor vor bewaffneten Menschen und friedlichen Demonstrant_innen, mich nun auf die Konzerte in Deutschland mit netten Programmen vorbereiten musste, die inhaltlich nichts mit meinen Erfahrungen in Belarus zu tun hatten. Nicht nur, weil es die meisten Menschen offensichtlich nicht interessierte, was in meiner Heimat vor sich ging. Hier kreisten alle nur um das Thema Pandemie. Am schwersten fiel es mir zu sehen, dass die Menschen hier nicht zu schätzen wissen, dass sie in einer Demokratie leben – so erschien es mir zumindest. Die Leute hier können auf die Straße gehen, ihre Meinung sagen und müssen nicht fürchten, dafür verhaftet, bestraft oder sogar gefoltert zu werden.

Sie können die Gesellschaft formen, dürfen die Regierung kritisieren, können sich für Änderungen stark machen, ohne dabei ihr Leben zu riskieren. Auch der finanzielle Wohlstand ist in Deutschland deutlich größer als in Belarus. Die Menschen hier müssten doch mit einer Leichtigkeit und Freude durchs Leben gehen! In ihren Augen müsste ich Funken des Glücks sehen – aber ich sah sie nicht.

Was ich eher in ihren Augen zu lesen meinte, war ihre Beschäftigung mit den Sorgen und Freuden des Alltags. Und ich begreife, dass Menschen, die nicht solche turbulenten Ereignisse, wie sie in Belarus stattfinden, miterlebt haben, nicht immer so klar realisieren, was die Demokratie, in der sie leben, wert ist. Wahrscheinlich können sie aufgrund des langjährigen und gewohnten Friedens in ihrem Land emotional nicht immer spüren, was es eigentlich bedeutet, in Sicherheit zu sein. Sie wissen nicht, wie es ist, in einem Land zu leben, in dem das Gesetz nicht funktioniert, in dem es einfach kein Gesetz mehr gibt.

Der Alltag der Belarusen ist zu einem Kampf ums Überleben und um die Freiheit geworden. Man kann in ein Geschäft gehen und nicht mehr zurückkommen. Man kann einen Anruf entgegennehmen und so verpflichtet werden, vor einem Ermittler zu erscheinen, der einen dann verhaftet. Man kann geschlagen werden, wenn man in seinem eigenen Haus ist, das von schwarz gekleideten Banditen aufgebrochen werden kann, indem sie die Eingangstür zersägen. Für eine Inschrift auf dem Asphalt »Wir vergessen nicht« kann man für zwei Jahre ins Gefängnis kommen. Und wenn ein_e Mitarbeiter_in eine offene staatsbürgerliche Haltung zum Ausdruck bringt, kann ein ganzes privates Kinderhospiz geschlossen werden.

Die Belarus_innen haben eine Menge neues Wissen und Fähigkeiten erworben. Zehntausende von Menschen kennen aus eigener Erfahrung den für verschiedene Gefängnisse in Belarus geltenden einzigen Tag der Woche, an dem man seinen Lieben etwas bringen darf. Sie wissen, dass man in Gefängnissen diejenigen treffen kann, von denen man geträumt hat, sie in Freiheit kennenzulernen, und dass man dort Vorträge über Menschenrechte, Philosophie oder Kunstgeschichte hören kann – zahlreiche Intellektuelle wurden verhaftet, und da Lesen verboten war, tauschten die Gefangenen untereinander ihr Wissen aus, um nicht zu verblöden. Manchen Leuten ist es schon bald zur Routine geworden, zu den Gerichtsverhandlungen ihrer Freund_innen zu gehen, und sie treffen dort Bekannte, die sie vor ein paar Monaten im Gefangenentransport kennengelernt haben.

Die Belarus_innen wissen auch, dass sie nie wieder dieselben sein werden. Die Ereignisse des Jahres 2020 haben uns für immer verändert. Die Zeit wird zeigen, was mit uns geschehen wird, aber eines ist sicher: Wir werden nie mehr die Augen verschließen können und in Teilnahmslosigkeit geraten. Genauso wie wir niemals in der Lage sein werden, die unschuldig ermordeten Menschen wieder zum Leben zu erwecken oder ihre Familien zu trösten. Wir müssen mit dieser Wunde, von der eine große Narbe bleiben wird, weiterleben. Und ebenso müssen wir mit denjenigen leben, die das Regime unterstützt haben und auf die eine oder andere Weise an seinen Verbrechen beteiligt waren. Belarus erwartet in der Zukunft noch ein langer Prozess der Friedensbildung.

»Eine totalitäre Regierung hat viele Vorteile, aber alle ihre Mängel wurden im August in Belarus offenbart.« Das sagte der chinesische Tourist Zhe Meng, der im August versehentlich inhaftiert, im Gefängnis in der Akrescinastraße gefoltert und dann aus Belarus gebracht wurde.

In den vergangenen Jahren habe ich mehrfach an deutschukrainischen Kultur- und Bildungsprojekten in der Militärregion der Ukraine teilgenommen. Einer der Deutschen, der als Tourist dorthin fuhr und zum ersten Mal die Unannehmlichkeiten erlebte, in einer Provinz unweit eines Kriegsgebietes zu leben, sagte mir einmal: »Jetzt wird mir bewusst, wie sehr ich schätzen muss, in Deutschland geboren zu sein, ob durch Schicksal oder

Zufall. Ich hätte auch woanders geboren werden können, aber ich hatte Glück, dass es Deutschland war.«

Seine Aussage bezog sich nicht so sehr auf das konkrete Gebiet, sondern vielmehr auf das Chaos, die Verzweiflung und die Unfreiheit, die er vom Leben in Deutschland nicht kannte. Er war schockiert von dem Kontrast und schien danach besser zu verstehen, dass es unverzeihlich ist, den deutschen Lebensstandard für selbstverständlich zu halten und sich in kleinlichen Problemen und Ärger zu verstricken, der mit einem Mangel an Aufgeklärtheit und Bewusstheit einhergeht. So erlebte er eine neue Ebene der Dankbarkeit für das, was er hat und von früheren Generationen geerbt hat. Was wir aufhören zu schätzen, hören wir auch auf zu schützen, und irgendwann, unmerklich und unerwartet, könnte es ganz verlorengehen. Umso wichtiger ist es, uns klarzumachen, dass es mit zum Wertvollsten und Schützenswertesten gehört, was wir haben – die Wahrheit und die Freiheit.

Dank

Ich möchte mich ganz herzlich bei allen Freund_innen und Bekannten bedanken, die ihre Geschichten mit mir geteilt haben und deren Geschichten ich miterlebt habe. Bei allen, die mir beim Schreiben dieses Buches geholfen und mich unterstützt haben, u.a. bei Tacciana Kapitonava, Valdzis Fuhaš, Maryja Rudź, Karyna Dubovik, Darja Padbiarezskaja, Aliaksei Paluyan, Maryja Čachoŭskaja und Aliaŭcina Snihir.

Danke an diejenigen, die mich im August 2020 von Deutschland aus geistig unterstützt haben – Jan Koester, Raphael Schönball und Nicolás Pasquet. Dank an die Belarus_innen aus Berlin und anderen Städten Deutschlands, mit denen wir uns in den wenigen Sommerwochen in 2020 so nahe gekommen sind, als würden wir uns schon seit Jahrzehnten kennen. Besonderer Dank gilt Peter Schwarz, der Belarus_innen in Deutschland eine unglaubliche Unterstützung und Hilfe gab - die gleiche Hilfe, die er seit Jahrzehnten selbstlos vielen Menschen zukommen lässt.

Vielen Dank an Edgar Basmakov, Hanna Saroka, Alaksiej Ladzik und viele andere, deren Namen nicht genannt werden dürfen, für ihre Berichte über den Aufenthalt in belarusischen Gefängnissen im August und Herbst 2020.

Danke an Valzhyna Mort, die diesem Buch mit ihren wie immer starken und treffenden Worten eine zusätzliche Ebene der Poesie verleiht.

Vielen Dank an den S. Fischer Verlag und gesondert an die Lektor_innen Ulrike Holler und Robert Schlepütz, die mir sehr geholfen haben, über eine einzigartige Erfahrung zu sprechen, die die Belarus_innen für immer verändert hat. Und natürlich ein riesiges Dankeschön an alle Belarus_innen, die mir und sich selbst durch ihre Leistung bewiesen haben, dass sie eine bessere Zukunft verdienen, von der sie bereits ein Teil sind.

Zeittafel

Mai 2020

6.5. Festnahme des belarusischen YouTubers Siarhiej Cichanoŭski.

8.5. Die Zentrale Wahlkommission legt den 9. August für die Präsidentschaftswahlen fest.

15.5. Die Zentrale Wahlkommission lehnt mehrere Registrierungen von Initiativgruppen zur Nominierung eines Präsidentschaftskandidaten ab. Darunter Siarhiej Cichanoŭski. Seine Ehefrau Sviatlana Cichanoŭskaja lässt daraufhin erfolgreich eine eigene Initiativgruppe registrieren. Insgesamt werden 55 Anträge gestellt.

20.5. Insgesamt werden 15 Initiativgruppen registriert, darunter die des ehemaligen Direktors der Belgazprombank, Viktar Babaryka, und des ehemaligen Direktors des Hi-Tech Parks, Valieryj Cepkala.

29.5. Siarhiej Cichanoŭski wird während einer Wahlveranstaltung in Hrodna erneut festgenommen.

Juni 2020

18.6. Viktar Babaryka und sein Sohn Eduard Babaryka werden festgenommen.

19.6. Proteste in vielen belarusischen Städten; ca. 90 Festnahmen. Die Europäische Union fordert die sofortige Freilassung Viktar Babarykas.

20.6. Viktar Babaryka und sein Sohn Eduard Babaryka werden angeklagt, Viktar wegender Organisation »illegaler Aktivitäten« und Eduard wegen Steuerhinterziehung.

24.6. Fast allen Teilnehmenden der Initiative »Ehrliche Menschen« (initiiert von Viktar Babaryka) wird die Mitarbeit in Wahlkommissionen verweigert. Menschenrechtler_innen berichten von über 360 Festnahmen innerhalb von 4 Tagen in 19 belarusischen Städten.

Juli 2020

14.7. Die Zentrale Wahlkampfkommission registriert Viktar Babaryka und Valieryj Cepkala nicht als Präsidentschaftskandidaten. Offiziell registriert werden: Sviatlana Cichanoŭskaja, Hanna Kanapackaja, Andrej Dzmitryjeŭ, Siarhiej Čeračeń und Aliaksandr Lukašenka.

15.7. Bei der Zentralen Wahlkommission gehen massenhaft Beschwerden gegen die Nichtregistrierung von Babaryka und Cepkala ein.

16.7. Während einer gemeinsamen Pressekonferenz verkünden die Wahlstäbe von Viktar Babaryka (vertreten durch Maryja Kaliesnikava), Valieryj Cepkala (vertreten durch Vieranika Cepkala) und Sviatlana Cichanoŭskaja ihren Zusammenschluss.

24.7. Cepkalas Mann, Valieryj Cepkala, verlässt aus Sicherheitsgründen Belarus mit ihren gemeinsamen Kindern.

27.7. Cichanoŭskaja verspricht im Falle eines Sieges bei den Präsidentschaftswahlen innerhalb von sechs Monaten Neuwahlen abzuhalten und diese mit einem Referendum über die Rückkehr zur Verfassung von 1994 zu kombinieren.

30.7. Cichanoŭskaja, Kaliesnikava und Cepkala veranstalten ihre zweite Wahlkundgebung in Minsk mit 60 000 bis 70 000 Teilnehmer_innen. Es ist die bis dahin größte Wahlkundgebung in der belarusischen Geschichte.

August 2020

4.8. Die vorzeitige Stimmabgabe für die Präsidentschaftswahlen beginnt. Unabhängige Wahlbeobachter_innen werden landesweit daran gehindert, den Wahlprozess in den Wahllokalen zu beobachten; zahlreiche Festnahmen.

7.8. Zwischen 4.8. und 6.8. verzeichnen Beobachter_innen der Bürgerinitiative »Ehrliche Menschen« mehr als 5000 Verstöße gegen das belarusische Wahlgesetz.
Die Außenminister Frankreichs, Deutschlands und Polens appellieren an die belarusischen Behörden, auf Gewalt zu verzichten.

9.8. In Belarus finden die Präsidentschaftswahlen statt. Zahlreichen unabhängigen Wahlbeobachter_innen wird der Zutritt in die Wahllokale verwehrt und/oder sie werden an einer Beobachtung gehindert; viele von ihnen werden festgenommen.
Cepkala verlässt Belarus.
Regierungsfreundliche Exit Polls geben erste Ergebnisse bekannt: 79,9% für Lukašenka, 6,8% für Cichanoŭskaja. Gleichzeitig be-

richten Exit Polls im Ausland: 79,7% für Cichanoŭskaja, 6,2% für Lukašenka.

Tausende Menschen gehen am Abend landesweit zu friedlichen Protesten auf die Straßen. Vor allem in Minsk kommt es zu gewalttätigen Übergriffen durch die Bereitschaftspolizei. Zahlreiche Verletzungen und brutale Festnahmen.

Erhebliche Störungen der Internetverbindung im ganzen Land, die bis zum 11. August anhalten.

10.8. Die Zentrale Wahlkommission gibt vorläufige Wahlergebnisse bekannt: 80,08 % für Lukašenka, 10,09 % für Cichanoŭskaja, 1,68 % für Kanapackaja, 1,21% für Dzmitryjeŭ und 1,15 % für Čeračeń. 4,6 % Enthaltungen.

Die Kampagne »Menschenrechtsverteidiger für freie Wahlen« erklärt, der Wahlkampf in Belarus sei »weit von den Standards freier und fairer Wahlen entfernt« gewesen.

Wladimir Putin gratuliert Aliaksandr Lukašenka umgehend zu seinem Wahlsieg.

Cichanoŭskaja erkennt die Wahlergebnisse nicht an und spricht von einer notwendigen friedlichen Machtübergabe. Maryja Kaliesnikava schlägt den belarusischen Behörden einen Dialog vor, um das Blutvergießen im Land zu stoppen.

Cichanoŭskaja reicht persönlich bei der Zentralen Wahlkommission eine Beschwerde wegen zahlreicher Verstöße während der Präsidentschaftswahlen ein.

11.8. Cichanoŭskaja wird von Vertreter_innen der belarusischen Behörden nach Litauen gebracht.

Der in Belarus verbliebene Wahlstab von Cichanoŭskaja bietet den Behörden einen Dialog über eine friedliche Machtübergabe ohne Gewalt und Umsturz an.

12.8. Laut belarusischem Innenministerium wurden in der Nacht auf den 12. August circa 1000 Menschen festgenommen.

Die Internetblockaden in Belarus werden aufgehoben.

Zahlreiche Angestellte der staatlichen Medien äußern sich kritisch über die Regierung und kündigen. Angehörige von Sondereinheiten, dem Militär und der Bereitschaftspolizei legen ihre Uniformen ab.

Der belarusische Journalist_innenverband fordert ein Ende der Angriffe auf Medienvertreter_innen und deren Inhaftierung.

In Minsk gehen mindestens 150 Frauen auf die Straße und halten eine friedliche Demonstration ab. Sie tragen weiße Kleidung und halten Blumen in ihren Händen. Zahlreiche Menschen schließen sich dem stillen Protest an.

Mehrere Vertreter_innen der Europäischen Union rufen die belarusischen Behörden zu einem Ende der Gewalt gegen friedliche Demonstrant_innen auf und fordern die Freilassung der aus politischen Gründen Inhaftierten.

13.8. Laut belarusischem Innenministerium wurden in der Nacht auf den 13. August circa 700 Menschen festgenommen.

Belarusische Menschenrechtsaktivist_innen fordern vom Innenminister, die Folter von Inhaftierten zu beenden.

In Minsk teilt das Kupala-Theater mit, dass alle geplanten Aufführungen gestoppt werden und die Mitarbeiter_innen ab sofort streiken.

14.8. In der Nacht auf den 14. August werden erstmals Inhaftierte freigelassen. Innerhalb von drei Tagen wurden insgesamt zwischen 6000 und 7000 Menschen festgenommen. Viele der Freigelassenen berichten von grausamer Folter, überfüllten Zellen, menschenunwürdigen Zuständen sowie Hunger und Durst in den Gefängnissen. Zahlreiche von ihnen müssen sofort in ärztliche Behandlung.

Kaliesnikava fordert die lokalen Behörden in Belarus dazu auf, friedliche Versammlungen zu organisieren und den Belarus_innen die Möglichkeit zu geben, sich zur Situation in ihrem Land zu äußern.

Die Zentrale Wahlkommission gibt das endgültige Wahlergebnis der Präsidentschaftswahlen bekannt: 80,1 % für Lukašenka, 10,1 % für Cichanoŭskaja, 1,67 %für Kanapackaja, 1,2 %für Dzmitryjeŭ, 1,14 % für Čeračeń und 4,59 % Enthaltungen.

Europäische Union erkennt die Ergebnisse der Wahl nicht an und fordert Sanktionen in Bezug auf die Gewalt gegen friedliche Demonstrant_innen.

Cichanoŭskaja kündigt die Aufstellung eines Koordinierungsrates an, um eine geregelte Machtübergabe in Belarus sicherzustellen. Der Stab um Babaryka fordert von der Regierung bis zum 15. September die Ankündigung neuer und fairer Wahlen.

15.8. Kundgebungen mit Tausenden Menschen in Minsk zur Unterstützung von Lukašenka. Viele nehmen nicht freiwillig teil.

Papst Franziskus fordert ein Ende der Gewalt und die Einhaltung von Gerechtigkeit in Belarus.

182

16.8. Mit über 200 000 Teilnehmern findet in Minsk der bisher größte Protest in der Geschichte des Landes statt. Landesweit wird im Rahmen von »Marsch für die Freiheit« protestiert.

17.8. Paviel Latuška, der Generaldirektor des Kupala-Theaters, wird entlassen.
Mindestens 700 Personen sind mit Aussagen über Schläge und Folter durch staatliche Sicherheitsbeamte beim belarusischen Ermittlungskomitee vorstellig geworden.

18.8. Belarusische Medien berichten von einem dritten Todesfall eines Demonstranten.

19.8. Cichanoŭskaja fordert die Nichtanerkennung der Präsidentschaftswahlen in Belarus von Seiten der europäischen Staats- und Regierungschef_innen.
Der Koordinierungsrat für einen Machtübergang in Belarus hält seine erste Sitzung ab. Dabei sind u.a. Sviatlana Alieksijevič, Lilija Ŭlasava, Siarhiej Dylieŭski, Maksim Znak, Maryja Kaliesnikava, Paviel Latuška und Volha Kavalkova.
Zahlreiche Mitarbeiter_innen des staatlichen Fernsehsenders ONT, die gegen die Zensur protestiert hatten, kündigen.

20.8. Cichanoŭskaja trifft den litauischen Ministerpräsident Saulius Skvernelis.

22.8. Der belarusische Verteidigungsminister Viktar Chrenin droht damit, die Armee im Kampf gegen Demonstrant_innen einzusetzen. Lukašenka erklärt, die Einheiten der Streitkräfte in volle Kampfbereitschaft versetzt zu haben.

23.8. Unter dem Motto »Marsch des neuen Belarus« findet in Minsk der zweite Protestmarsch nach den Wahlen mit schätzungsweise 150 000 bis 250 000 Teilnehmenden statt. Auch landesweit wird protestiert.

24.8. Belarusische Menschenrechtsorganisationen fordern vom UN-Sonderberichterstatter für Folter ein sofortiges Eingreifen in Bezug auf das gewaltsame Vorgehen gegen friedliche Demonstrant_innen im August.
In Vilnius trifft Cichanoŭskaja den stellvertretenden Außenminister der USA.

26.8. Die Bereitschaftspolizei löst eine große Protestkundgebung vor dem Regierungsgebäude in Minsk auf und sperrt circa 100 Menschen für wenige Stunden in der Roten Kirche ein.

27.8. Rund 1000 Menschen nehmen in Minsk an einer Prozession von Gläubigen teil, die vom Freiheitsplatz zur Roten Kirche führt.

Es werden über 260 Teilnehmer_innen und mehr als 20 Journalist_innen festgenommen.

Lukašenka erklärt sich dazu bereit, einen Dialog über die Aktualisierung der Verfassung zu führen.

29. 8. Zahlreichen internationalen Journalist_innen wird ihre Akkreditierung entzogen.

In Minsk nehmen rund 10 000 Frauen an einem Samstagsfrauenmarsch teil.

30. 8. Am Tag von Lukašenkas Geburtstag findet in Minsk der 3. »Marsch des Friedens und der Unabhängigkeit« mit mehr als 100 000 Menschen statt. Ca. 170 Personen werden festgenommen.

31. 8. Cichanoŭskaja trifft in Vilnius auf den Vizepräsidenten der Parlamentarischen Versammlung der NATO.

Der Wahlstab von Babaryka kündigt die Gründung der Partei »Gemeinsam« an.

September 2020

2. 9. Das Präsidiumsmitglied des Koordinierungsrates Paviel Latuška hat Belarus verlassen und hält sich in Polen auf.

4. 9. Cichanoŭskaja erklärt bei einem informellen Treffen mit Mitgliedern des UN-Sicherheitsrats, die Vereinten Nationen sollten unverzüglich eine internationale Gruppe von Beobachter_innen nach Belarus entsenden.

5. 9. Das Präsidiumsmitglied des Koordinierungsrates Volha Kavalkova hat Belarus verlassen und hält sich in Polen auf. Sie wurde nach eigenen Angaben von Angehörigen des KGB dorthin gebracht.

Protestierende Studierende werden vor ihrer Universität in Minsk und auch innerhalb der Gebäude festgenommen.

In Minsk findet mit rund 10 000 Menschen zum zweiten Mal der Samstagsfrauenmarsch statt. Mindestens 91 Personen werden festgenommen.

6. 9. In Minsk findet der 4. »Marsch der Einheit« statt, an dem 170 000 bis 200 000 Menschen teilnehmen. Landesweit finden weitere Proteste statt. Laut Menschenrechtler_innen werden ca. 358 Personen festgenommen.

7. 9. Unbekannte entführen in Minsk Maryja Kaliesnikava.

8. 9. Es wird bekannt, dass belarusische Sicherheitsbehörden versucht haben, Maryja Kaliesnikava in die Ukraine zu bringen. Dabei

habe sie ihren Pass zerrissen und konnte die Grenze nicht überschreiten. Die sich bereits in der Ukraine befindenden Mitglieder des Koordinierungsrates Radniankoŭ und Kraŭcoŭ berichten, dass sie daraufhin in Belarus festgenommen wurde. Nach offiziellen Angaben habe Kaliesnikava nach eigenem Willen versucht, in die Ukraine zu fliehen.

9.9. Das Präsidiumsmitglied des Koordinierungsrates Maksim Znak wird festgenommen.

10.9. Belarusische Menschenrechtsorganisationen erkennen Kaliesnikava, Saliej und Znak offiziell als politische Gefangene an.

11.9. Die Nobelpreisträgerin Sviatlana Alieksijevič bittet als letztes Präsidiumsmitglied des Koordinierungsrates, das noch nicht verhaftet wurde oder das Land verlassen musste, die Vereinten Nationen, eine Beobachtermission nach Belarus zu entsenden.

12.9. In Minsk findet der 3. Samstagsfrauenmarsch mit mehr als 10 000 Teilnehmenden statt; es werden mindestens 100 Personen festgenommen.

13.9. Der 5. »Heldenmarsch« findet in Minsk mit mindestens 100 000 Menschen statt. In zahlreichen weiteren Regionen des Landes protestieren Menschen. Insgesamt werden 434 Personen festgenommen.

15.9. Der Vertreter der Europäischen Union für Außen- und Sicherheitspolitik Josep Borrell erklärt, dass Lukašenka nicht als legitimer Präsident von Belarus anerkannt wird.

17.9. Das Europäische Parlament erkennt offiziell die Ergebnisse der Präsidentschaftswahlen in Belarus nicht an. Es werde Lukašenka nach Ablauf seiner Amtszeit am 5. November nicht länger als Präsidenten von Belarus anerkennen.

19.9. In Minsk findet der 4. Samstagsfrauenmarsch mit rund 2000 Menschen statt; mindestens 400 Personen werden festgenommen.

20.9. In Minsk findet der 5. »Marsch der Gerechtigkeit« mit über 100 000 Menschen statt. Auch in anderen Regionen des Landes wird protestiert. Es kommt zu 271 Festnahmen.

22.9. Lukašenka lehnt einen Austausch mit der Europäischen Union ab.

23.9. Unter der Beteilung von ca. 400 Personen findet eine nicht offiziell angekündigte Amtsübernahme von Lukašenka als durch die Wahl bestätigter Präsident statt.

Landesweit finden Protestaktionen gegen die Feier zur Amtseinführung von Lukašenka statt, rund 260 Personen werden festgenommen.

26.9. In Minsk findet der 5. Samstagsfrauenmarsch mit mindestens 2000 Menschen statt; rund 150 Personen werden festgenommen.

27.9. In Minsk findet der 6. »Marsch der Gerechtigkeit« mit mehr als 100 000 Menschen nach den Präsidentschaftswahlen statt. Es werden rund 393 Personen festgenommen.

29.9. In Vilnius trifft Cichanoŭskaja auf den französischen Präsidenten Emmanuel Macron.
Sviatlana Alieksijevič verlässt Belarus und geht nach Berlin.

Oktober 2020

1.10. Der Alternative Nobelpreis soll unter anderem dem belarusischen Aktivisten Aleś Bialiacki und dem von ihm ins Leben gerufenen Menschenrechtszentrum Viasna verliehen werden.

2.10. Die USA verhängen gegen acht hohe Vertreter des belarusischen Regimes Sanktionen. Auch die Europäische Union lässt Sanktionen in Kraft treten, von denen 40 Unterstützer_innen Lukašenkas betroffen sind.

3.10. Aus Angst vor massenhaften Festnahmen findet in Minsk an diesem Tag kein Samstagsfrauenmarsch statt; stattdessen gehen zahlreiche Frauen einzeln oder in Paaren mit Blumen in ihren Händen durch die Stadt.

4.10. In Minsk findet der siebte große Protestmarsch statt (ca. 100 000 Menschen). Landesweit protestieren ebenfalls Tausende Menschen. 252 Personen werden festgenommen.

5.10. In Minsk findet erstmals ein von Rentner_innen organisierter Protestmarsch mit mehreren Hundert Teilnehmenden statt.

6.10. Cichanoŭskaja trifft in Berlin Angela Merkel.

7.10. Russland hat Cichanoŭskaja auf die zwischenstaatliche Fahndungsliste gesetzt, wie aus einer Datenbank des Innenministeriums in Russland bekannt wurde.

10.10. Die Frauen versammeln sich nicht zum Samstagsfrauenmarsch, um massenhafte Festnahmen zu vermeiden.

11.10. Großer Protestmarsch in Minsk mit Zehntausenden Teilnehmer_innen; die Bereitschaftspolizei setzt Schockgranaten, Pfefferspray und Wasserwerfer ein. Es werden 617 Menschen festgenommen.

12.10. Das belarusische Innenministerium äußert seine Bereitschaft, Militärwaffen gegen Demonstrant_innen einzusetzen.

Landesweit finden zum zweiten Mal Protestmärsche von Rentner_innen statt. Mehr als 1000 Menschen beteiligen sich, 120 werden festgenommen. Die Bereitschaftspolizei setzt Schockgranaten und Pfefferspray ein.

14. 10. Die Schweiz schließt sich den bestehenden Sanktionen der Europäischen Union gegen Belarus an.

Der russische Außenminister bezeichnet die Treffen Cichanoŭskajas mit westlichen Staatschefs als Einmischung in innere Angelegenheiten von Belarus.

15. 10. Protestmarsch von Menschen mit Behinderungen in Minsk.

16. 10. Cichanoŭskaja wird von der belarusischen Regierung auf die internationale Fahndungsliste gesetzt.

17. 10. 45 Prozent der belarusischen Start-up-Unternehmen entschieden sich zu einem Umzug ins Ausland.

Kaliesnikavas Anwalt Ilja Saliej wird aus der Haft in den Hausarrest entlassen.

18. 10. In Minsk findet ein großer Protestmarsch mit circa 100 000 Menschen statt. Landesweit gehen weitere Menschen auf die Straßen und protestieren. Es werden rund 253 Personen festgenommen.

19. 10. In Minsk findet die 3. Protestaktion von Rentner_innen statt, an der mehrere Tausend Personen teilnehmen. Zur gleichen Zeit demonstrieren in Minsk auch zahlreiche Anhänger_innen Lukašenkas.

20. 10. Ein Gericht in Minsk stuft den Telegram-Kanal Nexta als extremistisch ein.

22. 10. Der Sacharow-Preis wird vom Europäischen Parlament an die demokratische Opposition von Belarus vergeben. Vertreten wird diese durch den Koordinierungsrat, dem Cichanoŭskaja angehört.

25. 10. In Minsk findet ein weiterer großer Protestmarsch mit bis zu 200 000 Menschen statt. Landesweite Proteste; rund 300 Festnahmen.

26. 10. In Minsk findet die 4. Protestaktion der Rentner_innen statt (rund 1500 Teilnehmer_innen).

Da am Vortag eine Frist abgelaufen ist, die Cichanoŭskaja Lukašenka für dessen Rücktritt gesetzt hatte, beginnt der landesweite Generalstreik. Aus Solidarität mit den Streikenden gehen in Minsk und weiten Teilen des Landes mindestens 3000 Studierende und Rentner_innen auf die Straßen.

31. 10. In Minsk findet ein Frauenmarsch aus Solidarität mit den Streikenden statt.

November 2020

1.11. In Minsk ist ein großer Protestmarsch geplant, der von der Bereitschaftspolizei weitgehend verhindert wird. Es werden ca. 300 Personen festgenommen.

2.11. In Minsk findet erneut eine Kundgebung von Rentner_innen mit mehreren Hundert Teilnehmer_innen statt.
Cichanoŭskaja fordert die Europäische Union dazu auf, visumfreies Reisen für Belarus_innen zu ermöglichen sowie Sanktionen gegen das Nationale Olympische Komitee von Belarus einzuführen.

4.11. Der Deutsche Bundestag fordert Neuwahlen und die Freilassung der politischen Gefangenen in Belarus. Gleichzeitig ruft er zur Unterstützung der belarusischen Zivilgesellschaft auf.

5.11. Cichanoŭskaja trifft den österreichischen Bundeskanzler.
Die Europäische Union fordert die belarusischen Behörden erneut dazu auf, die brutale Gewalt zu beenden und die Präsidentschaftswahlen für ungültig zu erklären. Großbritannien schließt sich dieser Forderung an.

6.11. Die Europäische Union verhängt ein zweites Sanktionspaket gegen Lukašenka und eine Reihe belarusischer Beamter.
Kanada schließt sich diesen Sanktionen an.

7.11. Den Berichten von Menschenrechtsorganisationen zufolge wurden rund 60 Ärzt_innen festgenommen, die sich zum Protestmarsch in Minsk versammeln wollten.

8.11. Großer Protestmarsch in Minsk. Landesweit finden zahlreiche Proteste statt. Mindestens 1000 Festnahmen.

9.11. In Minsk findet zum 6. Mal die Protestkundgebung der Rentner_innen statt; mehrere Hundert Menschen nehmen daran teil.

12.11. In Minsk findet zum fünften Mal die Protestkundgebung von Menschen mit Behinderungen statt.
Raman Bandarenka stirbt, nachdem er von Sicherheitskräften am Abend des 11. November in Minsk brutal misshandelt und festgenommen worden war.

13.11. Die Europäische Union erklärt, zusätzliche Sanktionen gegen die Verantwortlichen für Gewalt und Unterdrückung in Belarus verhängen zu wollen.
In ganz Belarus versammeln sich Menschen vor Kirchen zu Solidaritätsbekundungen, um Raman Bandarenka zu gedenken. Mehrere Festnahmen.

15.11. Großer Protestmarsch in Minsk. Es kommt zu Festnahmen unter Einsatz von Gewalt und Spezialausrüstung. Die Menschen werden dabei bis zu ihren Wohnungen verfolgt. Landesweit finden zahlreiche Proteste statt. Mehr als 1000 Festnahmen.

16.11. In Minsk findet eine Kundgebung von insgesamt über 1000 Rentner_innen und Ärzt_innen statt.
Die Außenminister der EU-Länder einigen sich auf Verhängung eines dritten Sanktionspakets gegen Belarus. Darüber hinaus würden alle für Belarus bestimmten EU-Mittel ausschließlich zur Unterstützung der Zivilgesellschaft verwendet werden.

20.11. Tausende Menschen nehmen in Minsk an der Verabschiedung von dem am 12. November verstorbenen Raman Bandarenka teil.

22.11. In Minsk findet der elfte große Protestmarsch nach den Präsidentschaftswahlen statt. Die Gruppen werden mit Schockgranaten auseinandergetrieben. Landesweite Proteste; rund 340 Festnahmen.

23.11. In Minsk findet eine Kundgebung der Rentner_innen statt, an der wieder zahlreiche Ärzt_innen teilnehmen.

26.11. Das Europäische Parlament verabschiedet einen Dringlichkeitsbeschluss, in dem die Europäische Union dazu aufgefordert wird, »eine internationale Untersuchung der Verbrechen des Lukašenka-Regimes gegen die Bevölkerung von Belarus zu unterstützen«.

29.11. In Minsk soll erneut ein großer Protestmarsch stattfinden. Bereitschaftspolizisten zerstreuen die Demonstrierenden mit Schockgranaten und nehmen landesweit bei ähnlichen Protesten über 400 Menschen fest.

Ende November Die Online-Plattform »Golos« (»Stimme«) startet eine neue Umfrage. Mehr als 240 000 Belarus_innen stimmen dafür, dass das Format der zentralisierten Proteste nicht das erfolgreichste war. Seitdem (erstmals am 22. November) haben sich regionale Proteste etabliert. Die Menschen versammeln sich in verschiedenen Stadtteilen und bleiben dort, um an Orten zu protestieren, die ihnen vertraut und nahe sind.

1.12. Sviatlana Cichanoŭskaja kündigt die Schaffung des »Einheitlichen Verbrechensbuches« an, in dem Beweise für Verhaftungen, Folterungen und Verletzungen durch belarusische Strafverfolgungsbeamt_innen sowie die Namen der Täter_innen gesammelt werden sollen.